朝向审美的奔赴

尚青鲁　著

中国海洋大学出版社
· 青岛 ·

图书在版编目（CIP）数据

朝向审美的奔赴 / 尚青鲁著 . -- 青岛：中国海洋
大学出版社，2023. 8
ISBN 978-7-5670-3584-3

Ⅰ. ①朝…　Ⅱ. ①尚…　Ⅲ. ①美育－教育研究　Ⅳ.
①G40-014

中国国家版本馆 CIP 数据核字（2023）第 154362 号

朝向审美的奔赴

CHAOXIANG SHENMEI DE BENFU

出版发行	中国海洋大学出版社
社　　址	青岛市香港东路 23 号　　　　**邮政编码**　266071
出 版 人	刘文菁
网　　址	http://pub.ouc.edu.cn
电子邮箱	j.jiajun@outlook.com
订购电话	0532-82032573（传真）
责任编辑	姜佳君　　　　　　　　　　　**电　　话**　0532-85901984
印　　制	青岛国彩印刷股份有限公司
版　　次	2023 年 8 月第 1 版
印　　次	2023 年 8 月第 1 次印刷
成品尺寸	170 mm×230 mm
印　　张	12. 5
字　　数	210 千
印　　数	1—1 000
定　　价	79. 00 元

发现印装质量问题，请致电 0532-58700166，由印刷厂负责调换。

目录

·上篇·

向美而生
XIANG MEI ER SHENG

"

纯粹之美育,所以陶养吾人之感情,使有高尚纯洁之习惯,而使人我之见、利己损人之思念,以渐消沮者也。

美育者,应用美学之理论于教育,以陶养感情为目的者也。……美育者,与智育相辅而行,以图德育之完成者也。

——蔡元培

"

美育思想阐释

蔡元培与美育

蔡元培是中国提出美育的第一人。

蔡元培致力于倡导美育。1921年，他提议在北京大学（以下简称北大）开设美学课，并亲自讲授这门课程。

蔡元培（1868—1940），字鹤卿，浙江绍兴人。我国近代著名的革命家、教育家、政治家，民主进步人十。他多项荣誉加身，不仅是"旧时代的进士，新时代的名誉博士"，也是"晚清时期的翰林院编修，民国时期的民主进步人士"，还是"清末的中西学堂监督，中华民国首任教育总长"。我们熟悉他"囊括大典，网罗众家；思想自由，兼容并包"的教育思想，但在这里我想强调的是，他更是"以美育代宗教说""文化运动不要忘了美育""美术与科学的关系"等中国最早的美育思想和美育实践的倡导人和发起者。

"美育"一词，最早由蔡元培从德文中翻译过来。众所周知，晚清科举"八股取士"所形成的教育方式不能培养适应社会发展的新式人才，落后封建的八股思维极大地禁锢了人的思想，扼杀了人的创新意识，也造就了中国士大夫"习惯于不用自己的脑袋思想，所有的著作都是代替圣人系统发言，于是养成一种不切实际发高烧的毛病，对社会上的任何改革和进步，都狂热地对抗"①的思维惰性。由于受教育者缺少起码的历史文化修养,故步自封、思想僵化,那时的中国又处在一个社会、历史转型时期,不同教育思潮纷纷涌现。蔡元培当属教育救国者中的杰出代表。蔡元培美育思想的产生与他本人所受到的文化教育和当时社会历史背景的影响有很大的关系。美育思想虽然起源于西方,但蔡元培并没有照搬西方,他的美育思想中渗透着浓郁的爱国情怀,他把中国传统的儒家思想和西方近代人道主义观念有机融合,他提出的美育思想极具中国特色。

晚清国运衰败,蔡元培满怀救亡图存的救国信念,试图通过学习西方先进文化实现教育救国的理想。1907—1916年的近10年间,蔡元培曾先后多次游学德国和法国。他在德国莱比锡大学学习期间,受当时德国的哲学思想,尤其是康德的二元理论影响甚大。后来蔡元培在构建自己的美学思想时,正是汲取了康德的"审美无功利性"美学哲学思想。当然,席勒的美学思想也对蔡元培造成很大的影响。他将这些当时先进美学思想的代表进行知识重组。他把学校的美育作为一种最基础的人生观教育贯穿在整个教育活动中,本着"择东西之精华而取之"的精神,形成了兼具中国传统中庸思想及优良道德传统,具有中国特色的美育思想体系。

蔡元培将美育定义为:"美育者,应用美学之理论于教育,以陶养感情为目的者也。"这里讲的美育就是以"陶养感情"为目的美感教育。"美感者,合美丽与尊严而言之,介乎现象世界与实体世界之间,而为津梁。"美育被蔡元培理解为理论上的美学与实践中的教育相融合。他认为,美育的主要功能是陶养感情,否则就会变成单纯的提高美学理论或提升美育知识的一般教育。这一观点与新时代美育思想可谓不谋而合。陶养感情必须通过一系列审美实践活动来实现,只有通过美的欣赏、设计、创造等实践活动才能激发感情,进而触景生情,最终才实现美育的"陶养感情"的目标。

蔡元培在他的《美育与人生》一文中说道:"人人都有感情,而并非都有伟大而高尚的行为,这是由于情感推动力的薄弱。要转弱而为强,转薄而为厚,有待于陶养。陶养的工具,为美的对象;陶养的作用,叫作美育。"从这段话我

① 柏杨. 中国人史纲:下[M]. 北京:同心出版社,2005:267.

们可以看出,美育并不是通过抽象思维和辩论而简单总结出的对美的单纯的认知,而是个人对具体的事物形成直观的或感性的理解后,形成的一种对情绪、情感的"陶养"和"感悟"。蔡元培认为美育是一种综合式、多元化的情感教育。从本质上来讲,美育不仅是人类涵养自身、完善人格的重要手段,也是人类认识世界、改造世界的一种重要方式,更是培养人的向上精神、养成高尚品格的重要途径。从表现上来说,美育是人们在长期劳作过程中逐渐形成的对美好事物的思维模式转化成的固定审美认知。形式审美的主要表现形式为形式美法则,通过对称均衡、单纯齐一、调和对比、节奏韵律、变化统一等形式,对人进行形式上的生活审美教育,来实现它的育人功能。从实践上来说,美育是以一系列活动为载体来实现它的育人价值的,主要表现在通过欣赏、构想和实践,形成对美的认识和体验,逐渐升华为思想自由、兼容并包的价值取向,并能够逐渐形成良好的社会风气。

在蔡元培担任中华民国教育总长期间,南京临时政府教育部颁布了《普通教育暂行办法》,主张采用西方教育制度,公布了小学、中学、师范学校的课程表,规定学堂改为学校,督查等均改为校长,初等小学可以男女同校。这是中国教育向文明、民主跨越出的重要一步,确立了中国资产阶级民主教育体制。蔡元培还主持制定了《大学令》和《中学令》。《大学令》规定学校分设文理科目,学生毕业后称学士,教员设教授、助教授、讲师等职务。《中学令》则规定中学教育以完成普通教育、健全国民教育为宗旨。《大学令》和《中学令》分别是中国关于大学和中学的第一个通令,为现代教育体制的建立奠定了良好基础。从这一系列教育改革措施中不难看出,蔡元培致力于创设新式教育体制,制定新式教育方针,他不愧为中国教育的先行者。

蔡元培提出"世界观与美育主义"的宗旨,是中国现代教育史上第一个把美育确立为国家教育方针的人。1912年2月,蔡元培发表了著名的教育论作——《对于新教育之意见》,提出教育要具备军国民主义教育、实利主义教育、公民道德教育、世界观教育和美感教育这5项内容。在文中,他否定"忠君""尊孔"的封建教育思想,主张德智体美"四育并举"。他在文中提及:学校及社会活动都离不开美育,以军国民主义教育、实利主义教育为当务之急,以道德教育为教育中心,以世界观教育为最终目标,以美育为构架桥梁所构建的教育才是真正的教育。这是蔡元培为新教育构建的新的教育思想体系。蔡元培认为，世界观教育的根本就是对理想和信仰的教育，而现实中对理想和信仰的教育往往是抽象的理论和空洞的说教，它需要通过对美好事物的理解和直观感受来实现。因此，世界观教育的本质是包含在美育之中的，就像蔡元培说的那样："世界观教育，非可以旦旦而聒之也。……然则何道之由？曰，由美感之教育。"

（一）蔡元培的美育理论主张

蔡元培的美育理论主张主要体现为"以美育代宗教说""文化运动不要忘了美育""美术与科学的关系"3个方面。

1. 以美育代宗教说

这一理论源于1917年4月蔡元培在北京神州学会上做的题为"以美育代宗教说"的演讲。他在演讲中明确提出了"以美育代宗教说"理论。他首先详细分析了宗教的起源和作用，并指出"宗教之原始，不外因吾人精神作用而构成。吾人精神上之作用，普通分为三种：一曰知识；二曰意志；三曰感情"。他认为人类之所以信仰宗教是因为缺乏知识。"盖以吾人当未开化时代，脑力简单，视吾人一身与世界万物，均为一种不可思议之事。生自何来？死将何往？创造之者何人？管理之者何术？凡此种种，皆当时之人所提出之问题，以求解答者也。于是有宗教家勉强解答之。如基督教推本于上帝，印度旧教则归之梵天，我国神话则归之盘古。其他各种现象，亦皆以神道为惟一之理由。此知识作用之附丽于宗教者也。"但随着社会的进步、科学的日益发达、知识水平的不断提高，人们会逐渐脱离宗教带来的道德枷锁而形成独立完善的人格。到那时，宗教只剩下感情作用，这里可以称之为美感。因为从感情上讲，宗教不可否认有深入人心的情感渗透作用。蔡元培认为："又如跳舞唱歌，虽野蛮人亦皆乐此不疲。而对于居室雕刻图画等事，虽石器时代之遗迹，皆足以考见其爱美之思想。此皆人情之常，而宗教家利用之以为诱人信仰之方法。于是未开化人之美术，无一不与宗教相关联。此又情感作用之附丽于宗教者也。"他主张宗教与教育相分离，主张利用审美教育代替宗教，即"莫如舍宗教而易以纯粹之美育"式地"以美育代宗教"。由于美育的普遍性特征，蔡元培极力主张在教育领域推行美育，"于是以美育论，已有与宗教分合之两派。以此两派相较，美育之附丽于宗教者,常受宗教之累,失其陶养之作用,而转以激刺感情"。他认为:"鉴激刺感情之弊,而专尚陶养感情之术,则莫如舍宗教而易以纯粹之美育。纯粹之美育,所以陶养吾人之感情,使有高尚纯洁之习惯,而使人我之见、利己损人之思念,以渐消沮者也。盖以美为普遍性,决无人我差别之见能参入其中。"蔡元培之所以这样认为,就是因为美育被赋予了神奇的启蒙功能,因为美育是"自由的",而宗教则是"强制的",美育是"进步的",而宗教则是"保守的",美育是"普及的",而宗教则是"有界的"。

1928年,蔡元培担任中华民国大学院首任院长,这一职位相当于今天的教育部部长。他在杭州西子湖畔创建了中国第一所综合性高等艺术学府——国立艺术院,就是现在的中国美术学院的前身,设国画、西画、雕塑、图案4个系及预科和研究部等部门,开始了"以美育代宗教"的实践,同时也揭开了中国高等美术教育的新篇章。《国立艺术专科学校组织大纲》明确指出其办学宗旨是"培养专门艺术人才,倡导艺术运动,促进社会美育"。在国立艺术院的开学典礼上,蔡元培做了题为"学校是为研究学术而设"的精彩演讲,他说道:"大学院看艺术与科学一样重要。艺术能养成人有一种美的精神,纯洁的人格。……学校为纯粹的学术机关,神圣之地。"蔡元培的思想至今影响着中国美术学院的办学宗旨。国立艺术院的建立承载着蔡元培"以美育代宗教"的理想和信念,奠定了中国的艺术教育基础。

2. 文化运动不要忘了美育

随着第一次世界大战的结束,各种新思潮相继输入中国,国内随即掀起了新文化运动的高潮。蔡元培认为文化运动正是践行美育的绝佳时期,因此他在《文化运动不要忘了美育》一文中提出:"文化不是简单,是复杂的;运动不是空谈,是要实行的。……科学的教育在中国可算有萌芽了。美术的教育,除了小学校中机械性的音乐图画以外,简截可说是没有。""文化进步的国民,既然实施科学教育,尤要普及美术教育。专门练习的,既有美术学校、音乐学校、美术工艺学校、优伶学校等,大学校又设有文学、美学、美术史、乐理等讲座与研究所。……一切公私的建筑,陈列器具,书肆与画肆的印刷品,各方面的广告,都是从美术家的意匠构成。所以不论哪一种人,都时时刻刻有接触美术的机会。"

民国时期是新旧思想冲突、国内外思潮交锋的重要转型时期,蔡元培"文化运动不要忘了美育"的思想理论,把美育提到了前所未有的新高度。

3. 美术与科学的关系

在《美术与科学的关系》一文中,蔡元培详尽论述了两者的关系。蔡元培认为,可以把人的心理分成3个层面:意志、知识和感情。意志可以表现为行为,知识归纳为科学,感情应该属于美术。科学与美术的不同之处就在于:科学是用概念来阐述,而美术则是用直观来表现。他用菊花来举例:从科学角度来看,菊花是菊科的植物;从美术角度来看,只关注菊花的颜色、形式就可以了,不必再去深究它为什么叫作菊花,属于什么科。

"形学的点线面,是严格没有趣味的,但是图案画的分子,有一部分竟是点与直线、曲线,或三角形、四方形、圆形等凑合起来。又各种建筑或器具的形式,均不外乎直线、曲线的配置。不是很美观的么?"

科学与美术要高度融合,不然人生就会陷入"常常看见专治科学、不兼涉美术的人,难免有萧索无聊的状态","不但对于自己竟无生趣,对于社会毫无爱情,就是对于所治的科学,也不过'依样画葫芦',决没有创造的精神。防这种流弊,就要求知识以外,兼养感情,就是治科学以外,兼治美术。有了美术的兴趣,不但觉得人生很有意义,很有价值,就是治科学的时候,也一定添了勇敢活泼的精神"。

中共十九大报告也明确指出:"要全面贯彻党的教育方针,落实立德树人根本任务,发展素质教育,推进教育公平,培养德智体美全面发展的社会主义建设者和接班人。"这就意味着人的全面发展,要求"德智体美"4个方面全面发展。回首历史,人们会发现,现在是过去的延续,历史总在文化深处牵引着现在的发展。现在的"德智体美"全面发展的教育方针,与蔡元培提出实施的"体智德美"教育方针竟然惊人地吻合,其关系犹如蔡元培所说:"美育者,与智育相辅而行,以图德育之完成者也。"

蔡元培作为中国现代美育的奠基人,从培养合格现代公民的教育标准出发,将美育规定为"陶养感情"与"超逸政治"的教育,最终目的是成为完善人格的教育。他令美育在中国具有了感性启蒙和超越现实的普遍性、公共性、自由性和现代性诸多品格。尽管在蔡元培之前,已有王国维等学者提出近代中国的"美育"概念,但影响有限;直至蔡元培开始,美育的理念才逐渐深入人心。蔡元培终生倡导美育,垂范千古。思想溯源上,蔡元培自觉继承了中国儒家思想中的乐教、诗教传统,又吸收了近代西方美学美育精华,站位于近代中国人文教育复杂情境,并采取了科学方法进行融会出新,推进了美育概念在近代中国本土化诞生,建立了"大美育观",从学理与实践上奠定了美育和艺术教育的现代性地位。

(二)蔡元培的美育思想体现

在 20 世纪的中国文化社会中,"美育""审美教育""艺术教育"这 3 个专业术语常被混淆,但其实 3 个说法截然不同,不仅"美育"不等于"审美教育",而且从一般意义上来讲的艺术类教育与审美教育在本质上还是存在着很大差异的。在蔡元培的美育思想体系中,艺术教育是手段,美育是目标;艺术教育是通过技能训练来实现感性启蒙,美育是借助艺术教育和家庭、社会教育共同完善人格,美育则是自由的践行路径。美育与艺术教育既有密切联系,又有本质不同。蔡元培的美育思想主要体现在下面几个方面。

1. 蔡元培最早倡导美育,于北大践行"五育并举"

1907 年,蔡元培远赴德国访学,深受西欧教育文化的熏陶,并在以教育学、艺术学、美学著称的莱比锡大学学习了 3 年。正是西方的美学和艺术唤醒了 40 岁以后的蔡元培胸中被压抑已久的感性力量,他也开始正视感性教育在中国人的人格培养中的缺位。蔡元培在 1912 年发表的《对于教育方针之意见》中正式提出"五育并举"的教育总方针。此"五育"不是德智体美劳"五育",而是世界观教育、军国民主义教育、德育主义教育、实利主义教育、美感教育。蔡元培由此奠定了美育在国家教育体系中的重要地位。

1917—1927 年,蔡元培任北大校长,着重实施"五育并举"的方略。在执掌北大期间,蔡元培积极鼓励北大学子成立各类文艺研究社团和审美学社,为学生艺术精神的普及和审美素养的提升做出了重要贡献。蔡元培注重美育对人的情感的启蒙作用,感性启蒙是其美育和艺术教育的逻辑起点。1935 年他在接受媒体采访时表示自己正在推行并践行的"美育",能让人类在音乐、雕刻、图画、文学里找到他们遗失的情感。蔡元培的美育思想的中心在于恢复国民性中被工具理性压抑和物质性遮蔽的情感维度,也就是感性的拯救和启蒙。人只有在感性能力被恢复后,才能真正地享受人生的乐趣,实现真正的主体性价值。他曾如此定义美育:"美育者,应用美学之理论于教育,以陶养感情为目的者也。"在蔡元培看来,美育的基本目的是启发感性、陶养情感,因此美育与宗教是有根本差异的。在1915—1916年袁世凯复辟帝制的历史丑剧中,蔡元培在北京神州学会发表了著名的"以美育代宗教说"演讲。这一"以美育代宗教"的理念取得了广泛的社会共识,沉重打击了复辟帝制的政治逆流,对当时的社会民众起到了审美启蒙的作用。

如何培养人的情感?我们要先有美的、感性的对象,单纯学习美学理论是不够的,所以蔡元培说:"陶养的工具,为美的对象;陶养的作用,叫作美育。"美育的实施,要追求理论思辨与艺术感性的会通,理论联系实践,做到知行合一。在《美育实施的方法》一文中,蔡元培专门讨论了实施美育的路径和方法,体现了创造与鉴赏相结合的美育理念。这种促使美感教育与审美、艺术实践相结合的美育理念,对于当下推进美育工作仍具有重要的启示价值。

2. 从艺术教育的公共性到美育的超越性

蔡元培指出美育是比艺术教育更为宽泛的概念。美育的手段不仅包括艺术,还包括自然环境和社会环境等,即所谓"凡有美化的程度者,均在所含"。他明确指出:"美育是广义的,而美术则意义太狭。"但有人"常把美育和美术混在一起,自然美育和美术是有关系的,但这两者范围不同,只有美育可以代宗教,美术不能代宗教"。除了艺术具有美育作用,环境也承担了美育的重要功能。美育的范围远大于艺术教育,美育的终极目标与艺术教育也有所区别。艺术教育是实施美育的途径、手段和方法,美育是艺术教育的旨归和主要目标,这个目标就是人格独立和精神自由。

在蔡元培看来,艺术教育和环境美育、社会美育一样,都是实现美育终极宗旨的重要途径和方法。艺术教育侧重于其公共性、开放性的教育功能,注重对人的感性能力的提升;而美育侧重于美感的普遍性和超越性,即对世俗生活和政治功利的超越而实现个体心灵的自由,发掘人生的意义,及其对社会生活的调和作用。从艺术教育的公共性到美育的超越性,是人的感性被发动后必然走向自由解放的一种审美逻辑。

3. 以美成德：艺术教育的伦理向度

在蔡元培美育思想的逻辑架构中，艺术教育必然指向"以美育人"的伦理价值维度。在现代中国教育语境中，艺术教育从一开始就承载了诸多功能，并没有被限定在专业性技能训练的范围内，而是以技法、技巧和技艺培训为手段，辅助人的感性的教育，以提升审美志趣和道德素质，最终实现人的自由精神追求，即蔡元培追求的"以美育代宗教"的最终目的——以美育人。

在凸显艺术教育的审美价值之外，蔡元培突出了艺术教育的道德功利性，强调以美成善、以美助德。他在《美学原理》序中写道："爱美是人类性能中固有的要求。……如其能够将这种爱美之心因势利导之，小之可以怡性悦情，进德养身，大之可以治国平天下。"人在美育实践中不仅可以提升审美丑的能力，还可以辨善恶、知好恶，美育还可以"陶养吾人之感情，使有高尚纯洁之习惯"，最终实现"人有一种美的精神，纯洁的人格"。1917年，蔡元培针对当时北洋政府和全社会倡导宗教（孔教）的思潮，提出以美育代宗教、以审美精神取代宗教信仰的核心主张，此后他一直坚持这一看法："一，美育是自由的，而宗教是强制的；二，美育是进步的，而宗教是保守的；三，美育是普及的，而宗教是有界的。"美育具有填补中国民众信仰真空、辅助社会道德教化的功利性色彩。

美育切忌空谈而贵在实践，它总是追求知行合一。蔡元培推行美育与艺术教育，也非常注重知行合一的教育措施。1921年，他在《创办国立艺术大学之提案》中说："美育之实施，直以艺术为教育，培养美的创造及鉴赏的知识，而普及于社会。"美育不仅是知识体系，也是实践体系。在蔡元培看来，实施美育、发展美育的重要途径在于普及社会，寻求美育在全社会的广泛实施，而通过艺术教育、社会教育等途径，全民的美育实践才成为可能。世界上的各种现象都有可能成为"美的对象"，美育工作者可以充分利用各种审美对象来作为实施美育的工具。无论是优美的事物，还是崇高的事物，都可以成为美育的手段，因而美育的范围和对象是无比宽泛而自由的。按照康德的解释，优美和崇高是两种不同的审美范畴，也是两种对立性的审美对象。优美的事物是使人感到安宁、和蔼、愉快的对象；而崇高的事物具有数量或力量上的巨大，使人感到恐怖和敬畏，继而激发出一种抗拒恐怖的优越感和自豪感。总之，无论是优美还是崇高，无论是艺术还是自然社会的不同形态的美，都具有启发情志、调和身心的审美功用,进而激发和升华道德情操。

蔡元培在美的本质观念上,主张美是主观与客观的统一,这也是对康德美学的继承。因此,美学与求真的科学、求善的道德是有区别的。他说:"美学的主观与客观,是不能偏废的。在客观方面,必须具有可以引起美感的条件;在主观方面,又必须具有感受美的对象的能力。与求真的偏于客观,求善的偏于主观,不能一样。"尽管如此,美学的主观方面与道德又有联系,因为蔡元培把教育的宗旨设定为培育健全人格,而健全人格的培育需要通过"五育(体智德劳美)"来实现。中国近代以前把美育包含在德育之中,而现代教育是受西方影响的分科教育,给予了美育独立的地位。它与智育相辅相成,共同推进德育的完成和人格的完善。蔡元培提倡美育可以"与智育相辅而行,以图德育之完成",这就是"以美成德"的意思。具体来说,美育又通过艺术教育、社会美育、环境美育等措施来实施,因此,艺术教育也就内含了伦理品格,指向人格建构的维度。既然美育的目标是陶冶情操,进而培养健全人格,那么,为了"达到美育实施之艺术教育,除适当之课程外,尤应注意学校的环境,以引起学者清醇之兴趣、高尚之精神"。艺术教育、美育和其他的审美活动都具有普遍性与超脱性,可以使人摆脱实际的计较,扩充胸襟,陶养性灵,培植崇高的德行。蔡元培提倡"以美育代宗教"的理念,就是主张利用艺术和审美活动来促进人的感性与理性的平衡发展,祛除宗教信仰的狭隘限制和神秘主义,提升道德情操的神圣性,最终实现人格的全面发展。

蔡元培的"以美育代宗教说"源于他对康德美学的理解和内化。蔡元培认同康德关于美具有超越性和普遍性的理念。"超越"即超功利,所以美的事物就成为每个人都能欣赏并能以此获得乐趣的存在,没有排他性和占有性。也就是说,人人都可以不受逻辑与智识的限制,借用作为人的感性本能去感受艺术的美,这种美凝结在人类的创造性行为中,可以超越时间、生死、人种,达致一种美的"普遍性"。继而,蔡元培归纳出因为美具有超越性和普遍性,所以可以通过审美来培养人们高尚的情操,为社会培养出能够舍己为人、不计较个人得失、没有彼此之间争斗和戕害他人念头的公民。他的美育思想具有启发人们内心尚美、激发救国热情的重要意义。

用纯净的美丽唤醒人们的心灵,就是用美育代替宗教的价值所在。蔡元培发起倡议,希望人们能以对美的向往来代替宗教崇拜,希望艺术学院能够培养出推进社会审美教育的骨干力量,通过美育提高国民的整体素质,培养人们坚忍勇毅、健全自强的人格,进而培育出能够真正承担民族复兴重任的"当代公民"。

国外美育思想

最早在"美育"范畴内提出概念并加以全面阐述的是 18 世纪末的席勒,而西方美育思潮的起源则可以回溯至古希腊和古罗马。以下将从古希腊、古罗马到中世纪,文艺复兴到 18 世纪,德国古典主义美学时期与 19 世纪,20 世纪 4 个发展阶段,对西欧美育思潮的发展趋势加以总结与探究,从中寻找中国进一步深入开展美育研究的理论基础。

(一)古希腊、古罗马到中世纪:西方古代美育文化的渊源

古希腊的毕达哥拉斯学派首先明确提出了音乐教育能够有效净化人心灵的观点,并重视音乐教育的"美育"净化功能,指出音乐教育分"刚"和"柔"两种音乐风格,"不同的音乐风格可以使审美主体产生不同的美感活动引起性格的变化,使人恢复内心能力的和谐,促进身心健康"[①]。毕达哥拉斯学派注意到美育活动对人品德和能力的培养与影响,并明确提出了西方最早期的美育观念。柏拉图指出,诗与乐曲方面的美育实践活动有助于培育人的勇气与智力,而美术的根本功能就是培养人的智力和增强认知功能,有助于人们拨开现象的迷雾并获得永恒和不朽的思想本体。柏拉图美学思想所表现的是一个人对本体回归的崇高之美与理想之美,与其生活在重个人价值的文明城邦雅典有关。至于美术进程,柏拉图将其看作"情感美"至"理性美"再至"美本身"的螺旋式递进的发展历程。亚里士多德批判性地承袭了柏拉图的美育观念,却抛弃了柏拉图的形而上学之美,因为亚里士多德坚持科学唯物主义美育观。尽管他没有具体、明确地在家庭教育理念中提出"美育"的范畴,但美育意识在家庭教育理念中并非独立出现,是同道德、运动等观念一起的。亚里士多德学派从文学艺术

---

① 戚霞. 庄子和毕达哥拉斯美学思想比较 [D]. 延吉:延边大学,2007.

的社会教育功能入手,具体地将文学、音乐、美术等作为教育素材,并指出了它们对少儿教育的重要影响,实际上是通过确立文学艺术陶冶情操、健全人格的重要作用,引导了理想社会主义与和谐社会思想的形成。

中世纪,基督教神学逐渐占据了主导地位。当时对于美、美学、美育思想的所有表述都与神有关,认为上帝是美的根源和最高形式。但由于以普罗提诺为代表的新柏拉图主义的冲击,中世纪美学观念逐渐呈现出了中世纪宗教神秘主义特征。中世纪宗教对艺术作品的仇视与压抑,使中世纪美学与美育观念陷入了基本停步的境地。取而代之的是以圣奥古斯丁和圣托马斯为代表的“经院派”学者“把美看成上帝的一种属性”“上帝就是最高的美”[①],看重美的自然存在,轻视艺术。直至但丁,美学和美育发展停滞的局面才发生了改变。但丁的审美理念是中世纪美学向近代美学转变的重大进步,其美育理念带有很强的伦理性,融入了对善的向往以及对人类独立和解放的人本主义向往。

(二)文艺复兴到18世纪:西方近代美育思想的发展

文艺复兴标志着西欧近代美术观念的开始,至18世纪期间是西欧美育实践先行于美育思想发展的阶段,美育思想和美育理论在实践中得到完善。

与中世纪基督教会主张文学是伤风败俗的不同,文艺复兴时代艺术家和学者们主张文艺有着教育、娱乐和激励大众的社会功能,并促使人们追求尽善尽美。美的相对性和绝对性以及美学和善的问题都得以突出,并成为人们广泛探讨的焦点。而薄伽丘用近代文字所创造的新型小说《十日谈》,以及达·芬奇、拉斐尔等的文艺创作实践,促进了人本主义在欧洲的美学发展。

17世纪,随着文艺复兴运动的渐趋衰落,西欧文化重心也由意大利迁移至法国。在法国,17世纪新古典主义思想主要以笛卡尔与布瓦罗为代表,并建构于法兰西的理性主义思想基石上,美学是理性主义的美学,与哲学有着密切的关联。笛卡尔对艺术和美育方面的研究一直停留在哲学探索阶段,未能建立完善的理论系统。其在《论音乐》中提出声音的美及音乐对人的感动作用,并未脱离毕达哥拉斯学派的范畴。布瓦罗在《论诗艺》中则体现了美的绝对价值和文艺的理性规则,而他所看中的美学理论是重技巧、轻内容的,这也是新古典主

---

① 朱光潜.西方美学史 [M].北京:人民文学出版社,2008.

义的基本信条之一。

与法国新古典主义几乎同时代发生的英国新经验主义美学与美育思想,走上了与新古典主义根本不同的道路,是在否认先天理性思想,重视体验、情感、想象等的浪漫主义基石上,以霍布斯、洛克、休谟、博克等为典型表现的经验主义美学家,将美感与情感的探讨提到了第一位,给法、德两国之后的启蒙运动造成了重要影响,也促进了两国审美观念的进一步发展。

18世纪法国启蒙运动是欧洲文艺复兴运动的延续,在法国文艺领域主要体现为反新古典主义,以卢梭、伏尔泰、狄德罗为代表,其中以狄德罗的作品影响较大。狄德罗认为文艺是理性的,而美和真是同一的,所以美有现实基础,更关键的是文艺和美都要能给人带来活力和强烈的情感冲击,要深入农村日常生活并反映大众声音,提倡"美在关系"和"美在情境"学说,意识到了美的社会性。

18世纪初,德国的美学与美育思想家以鲍姆嘉通、温克尔曼和莱辛为典型。鲍姆嘉通在1735年撰写的博士毕业论文《关于诗的哲学沉思录》中第一次明确提出建立美学的意见;在1750年撰写的《美学》第一卷中首先用"aesthetica"定名美感,认为美学应形成独立学科,将美学界定为"感性认识的学科"。他因此被称为"美学之父"。"鲍姆嘉通不但是为美学学科命名的人,而且建立了从诗学发端,包孕绘画和音乐元素在内的一整套美学思想体系。"[1] 他主张用美的方法,达到感性认识的统一。温克尔曼是近代欧洲最早对希腊造型艺术认真分析和热情赞美的人,指出希腊美术作品的共同特征就是高贵的纯粹和静穆的崇高,并指出美并非只是一个风格,而是随着时代变化而具有不同的呈现,对当时的美学发展产生了重要的推动作用。莱辛作为德国启蒙运动高涨时期的杰出代表,在《拉奥孔》中否定了温克尔曼古典艺术静穆的特点,指出人的行为才是艺术的首位,建立了德国美学人文主义观念。

(三)德国古典美学时期与19世纪:西方近代美育思想的成熟

德国古典美学时期以康德、歌德、席勒、黑格尔为美育思潮的典范。康德强调"知情意",即从哲学、伦理和美感3个方面得到理性主义和经验主义的调

---

[1] 刘娟. 鲍姆嘉通美学思想研究[D]. 济南:山东师范大学,2018.

和。他于 1790 年发表的《判断力批判》中明确提出"审美判断力批判",指出审美活动并非纯粹的感觉愉悦和刺激作用,只是关于一种洞察力,这个洞察力的主要内容是情感或快感;指出音乐、绘画、雕塑等艺术都属于"依存美",依存于感觉或吸引力的主体感受中,和欲念密切相关。康德强调美具备"普遍可传达性",是能够传递和共享的,并且从社会角度对美育的可行性做了阐释。康德的美育观念是富有辩证性的,力图透过批评使得理性主义和经验主义相统一,成为"理想美",为浪漫主义运动奠定了基石,也影响了歌德、席勒和黑格尔的美学观。但康德的审美观念也有着相互对立的不彻底性,构建在与物质美相反的二元论思想基础上,在审美趣味与天才、自然美和艺术美等领域将对立绝对化。

歌德的美学理论是唯物主义和现实主义的,来源于丰富的艺术创作实践和经历。他主张艺术作品来源于自然而超越自然,艺术作品要能突出特点,艺术的最高成就是风格。与歌德感性的、具体化的美学思想有所不同,席勒更重视抽象的合理化的美学思想。席勒美学思想的最系统体现是 1795 年发表的《美育书简》,指出人除了情感冲动和理性冲动之外尚有第三类欲望——游戏冲动,而游戏冲动借助于艺术和美,调节前两类带有悖论性的欲望,从而增进人的全面和谐。席勒是首先主张审美教育的,认为审美教育能够使人达到精神上的解脱,从而建立健全的人格,达到全面发展。

黑格尔并未有美育方面的专门论著,仅从《美学》一书中可一窥其美育思想。黑格尔美育思想的中心观点是"艺术并不是一种单纯的娱乐、效用或游戏的勾当,而是要把精神从有限世界的内容和形式的束缚中解放出来,要使绝对真理显现和寄托于感性现象,总之要展现真理"[①]。黑格尔认为,人类的美学风格都是由心灵所形成和再生的,可见他认为艺术美的意义高于自然美。黑格尔对文艺与音乐美育理论的最大贡献是融合了辩证法及发展观于其中,将美术的发展规律同"普遍社会状况"密切联系,指出美术与特殊时代、文化密切相关,明确提出"情致说",对后来马克思主义和恩格斯的文艺理论都有很大影响。

18—19 世纪,西欧的美育思潮除德国古典美学大放光辉之外,尚有俄国以车尔尼雪夫斯基为典型的现实主义美学、德国以里普斯为典型的"审美的移情

---

① 黑格尔. 美学 [M]. 朱光潜,译. 北京:商务印书馆,1995.

说"、意大利以克罗齐为代表的"创作与欣赏相统一""直觉即表达亦即艺术"等美学流派和理论,进一步充实了同时代西欧文艺与美育发展的内容。

(四)20世纪:流派繁多的现当代西方美育思想

20世纪西方美学流派层出不穷、百家争鸣。前期以精神分析学派、现象学、早期法兰克福学派、西方现代神学、美国实用主义思潮以及西方现代教育理论等美育思想为主,包括哲学、神学、教育学、心理学等多种维度;后期则以伽达默尔、哈贝马斯、哈罗德·布鲁姆、理查德·罗蒂等当代重要思想家的美育观念为主。

西方艺术由近代走向现代的主要标志之一是20世纪三四十年代盛行于欧美各国的精神分析美学,"以人为中心,以人的生命动力和创造活力为中心,显示出一致的追求倾向和共同的思想特征,并成为现代西方美学的基本原则和基本前提"[①]。该流派创立者弗洛伊德打破了常规审美认识的框架,突出了人的无意识性和本能欲望在艺术创作和审美鉴赏过程中的决定功能,同时带有浓厚的非理性主义和神秘主义色彩。弗洛伊德指出,艺术创作的最高形式能够宣泄和转移性欲抑制所产生的苦闷,使人得到精神缓解与充实,从而促使人格的提升,起到美育功能,使人获得更高的审美境界,达到一个人的审美意识与艺术精神和美的协调统一。同时,具有人本主义的美学流派尚有以海德格尔和萨特为典型代表的存在主义美学和法兰克福学派美学。法兰克福学派的阿多诺强调"否定性美学";本雅明思考"韵味"艺术在现代社会的发展;哈贝马斯重视"现代社会交互理论",并批判性地表达了对于人性生存意义与人类精神未来发展方向的反思和关切,主张美学应该成为社会变革与反抗的手段,以挽救在现代世界中日渐失落的人性。而20世纪20年代产生的新托马斯主义美学,受中世纪的托马斯·阿奎纳神学思想影响,在美学上主张艺术活动和美是神给的神秘直觉,并倡导无意识、有神论、直觉主义,且带有强烈的宗教神秘主义色彩。

与非理性人本主义艺术传统学派有所不同的是,在20世纪以卡西尔符号学美学、索绪尔语言学美学、列维-斯特劳斯结构理性美学、阿恩海姆格式塔心

---

① 徐良. 精神分析美学的崛起与西方美学的现代转折——在尼采和弗洛伊德之间(上)
[J]. 齐鲁艺苑:山东艺术学院学报,2020(1):105-117.

理学美学为典型代表的,主要利用自然科学理论或方式深入探讨艺术问题的学派。索绪尔语言学的产生,使对艺术理论探究与文化艺术的关注问题,由外部理论探究逐步变为对艺术作品的本体内部结构的深入探讨。在索绪尔理论的基础上,列维-斯特劳斯进一步完善了形而下的结构理性美学研究思想,具有鲜明的反主题性倾向,提出了"自我并非审美主体,而是作为他者的他者在审美,即超自我"①。美感满足了人们在精神层次的感性需要,是对自然与文化的调和。阿恩海姆还发展了格式塔心理学美学,主张艺术欣赏者要充分发挥审美的主体作用,和美术创造者一起整合作品,以完成对艺术作品的二次建构。

20世纪的西方美学思想的第三种主要是指介于人本主义与科学主义中间的,以人类非理性社会审美心理和科学审美方式结合的折中主义艺术派系,以桑塔亚那自然主义美学"美感"、杜威实用主义美学"经验"、英伽登现象学美学"本质还原"、伽达默尔解释学美学"解释学经验"为典型代表。伽达默尔在解释学美学中,把美育立于本体论基石之上,认为作品是人类主观文化审美经验过程的重要组成部分,意义产生在人类主观对艺术作品的自我认知中,即"视界融合",艺术作品是产生审美教育意义最主要的渠道,给西方传统美育理论带来了开阔的视野与崭新的生命力。

除去上述3种思想,哈罗德•布鲁姆还把"美育"视作捍卫当代文学经典的"审美自主性"方法。他主张美学素质教育是文学素质教育的核心内容,透过情感使群众美学由"感觉的美"提高到"感情的美",让他们得到精神充实与美的体验。理查德•罗蒂的艺术教育与美学观念主要反映于美学伦理思想之中,赋予美学伦理学的地位,主张"文学文化"代表的美学原则和伦理学准则互相贯通,注重形成以个人自我创作和生活为特色的美学文化。

此外,我们还深入研究教育家的美育思想,在理论与实践研究中提供更多借鉴性参考。

1.苏霍姆林斯基的美育思想

苏霍姆林斯基教学思想的核心是培养全面和谐发展的人,并倡导德、智、体、美、劳各育和谐统一、蓬勃发展。在他的教学思想体系中,美育一直处于至

---

① 王博学. 列维-斯特劳斯美学思想研究 [D]. 西安:西北大学,2019.

关重要的地位。他主张"没有美育,就没有完整的教育"。在他所领导的帕夫雷什高中里,从课堂教学到课外教学活动,从课堂布置到校舍美化,从学生内在审美情操的养成到学校外在的装饰,从对教师审美的严格要求到对家长审美知识的全面普及,所有工作中都浸透着美。不但在苏霍姆林斯基的教学工作实践领域是这样,而且他的童话故事、寓言、教学文章以及其他作品当中也无不渗透了丰富的美育思想,这都值得我们去发现、挖掘,也更有待于我们去运用和发扬。因此,我们可以深入学习与思考苏霍姆林斯基对于美育的领导地位、任务和功能等方面的思想。

对于美育的重要性,苏霍姆林斯基的阐述十分深入。第一,审美既是人的根本需求,也是人类经济社会发展的内在需要,所以美育是塑造真实的人、建设和谐社会的必然需要。苏霍姆林斯基还反复强调,人之所以为人,在于人的精神行为。具有丰富的精神世界的人方可称为真正的人,而精神趣味庸俗落后、精神生活贫瘠虚无的人,是称不上真正的人的。人和普通动物之间的本质差别就在于人的精神方面;人和人之间境界的本质差别关键就在于精神境界的差别,而并非身材、长相、家世、财产等方面的差别。人,应该是理解美、尊重美、崇尚美和创造美的人。他说:"世界上不仅有需要的、有益的东西,而且有美的东西。从人成为人那时起,从人在观赏到花瓣和晚霞那一瞬间起,他就注视着他自身,人就知道美。美是一种深奥的属于人所具有的东西,但是美可以为人所发现,或者为人所认识,存在于人的心灵之中,若是没有我们的意识,也没有美。我们来到世界上就是为了认识美,确立和创造美。"[1] 第二,美育是塑造人格全面和健康的人的有机教育过程中无法取代的一项重要内容。培育人格全面发展的儿童是苏霍姆林斯基的德育基本理想,是他德育理念的基础,他的所有德育理念均以此为开始。个人全面和谐发展就是以个人全面发展为中心,将"整体发展""和谐""个性"三者结合起来,使其形成一个整体。第三,美育是其他各育的源泉。苏霍姆林斯基认为,美,是一个人人格纯正、精力充沛和身心健康的巨大来源。他多次强调"美育在教育教学工作系统中占有特殊的地位。它

---

① 蔡汀,王义高,祖晶. 苏霍姆林斯基选集(五卷本):第 2 卷 [M]. 北京:教育科学出版社,2001:487-488.

与个人和集体精神生活的各个领域都有着多方面的联系。在人的全面发展教育的总过程中,美育起着很大的决定作用"。第四,美育也有局限性,必须在其他各育的密切配合下才能发挥巨大力量。苏霍姆林斯基认为,虽然审美教学的效果可以很好,但如果其他教学因素或者组成部分都存在着很大的问题,那么对美育的影响程度也会降低。这就是说,孩子精神世界中的每一个因素,唯有在它周围又产生了其他同样重要的因素时,才能产生教育力量。

苏霍姆林斯基认为美育的根本任务,在于"教会儿童从周围世界的美和人的关系的美中看出精神的高尚、善良和诚恳,并以此为基础在自己身上确立这种美"①。具体包括这样几方面的工作:第一,美育的首要任务是训练学生理解美的意识。审美情感、审美意志都必须从审美感知开始,只有在认识美的基础上,才能培养美的情操和修养,了解艺术美,创造世界的美和自身的美。第二,美育要培养学生树立正确的审美观。苏霍姆林斯基强调,要培养人对美的强烈热爱和执着追求的高尚精神,使得美像空气一样对人的生活必不可少。"我所定的目标是培养饱含情感地对待美的那种能力和取得美学性的印象的那种需求。我认为整个教育体系的重要目的是:使学校教会人在美的世界中生活,使他离开美就不能生活,使美的世界在人的身上创造美。"②第三,美育要增强创造美的意识,提高创造美的能力。人不但要学会审美、珍爱美,更要学会创造美,在美的创造中实现和展现人的本质力量,做个美的人。苏霍姆林斯基告诫我们,要让孩子认识到美是来之不易的,美是人们辛勤劳动的成果。第四,美育要唤起人的细腻情感,培养可教育的人。情感教育是美育的核心,而情感教育是教育中最困难的工作,所以,需要教师极具耐心地进行审美教育。苏霍姆林斯基曾多次提醒教育工作者:"不要指望很快就能取得成果,也不要盘算你们为了取得成果而采取的美妙措施,请耐心一点,相信孩子吧,他会爱上美好的事物的!"③第五,美育的根本任务是培养美的人。苏霍姆林斯基认为美育的根本

---

① 蔡汀,王义高,祖晶. 苏霍姆林斯基选集(五卷本):第1卷[M]. 北京:教育科学出版社,2001:241.

② 蔡汀,王义高,祖晶. 苏崔姆林斯基选集(五卷本):第3卷[M]. 北京:教育科学出版社,2001:83.

③ 苏霍姆林斯基. 教育的艺术[M]. 肖勇,译. 长沙:湖南教育出版社,1983:153.

任务就是通过认识和欣赏世界的美来造就人自身的美、造就美的人,也就是造就有教养的人、真正的人。

关于美育的功能,苏霍姆林斯基认为美育与其他各育是相辅相成、互相增进的关系,共同构成了教育的有机整体。一方面,正如前面所说的,美育是其他各育的源泉,它促进其他各育作用的发挥,同时也有着其他各育的部分功能。一个人的道德是否崇高,思想是否完备,智慧是否充实,劳动是否积极,体魄是否健美,都与其所接受的美育有着密切的关系。另一方面,美育也有其自身的局限,它必须在其他各育的密切配合下才能发挥巨大的教育力量。

苏霍姆林斯基的美育思想是他在汲取前人及同时代其他美育工作者的经验的基础上,通过艰苦卓绝的理论、实践探索得出的智慧的结晶。苏霍姆林斯基的教育思想在中国得到了很好的宣传,正如朱小蔓等所分析的,其原因主要有4点:一是适合中国的意识形态背景;二是切中了当代中国教育发展中的矛盾(中国正处于社会转型期);三是易于被教师理解和接受;四是其女的中国之行具有较大影响力。[①] 苏霍姆林斯基的美育思想对中国的教育主要有以下4点启示。

启示一:要重新认识美育的地位和意义。教育,无论是对个人的发展来说,还是对于国家、民族的发展来说,都是拥有深远影响的事业。苏霍姆林斯基的美育教学思想让人们认为,美术教学对人、对社会的全方位发展都具有神奇的力量:美育既是培育真实的人、建设和谐社会的必由之路,也是在培育全面和谐发展的人的有机教学整体中无法取代的一种重要成分;美育是其他各育的有力源泉,可以提高人的精神境界,可以使人从功利境界上升到道德境界或审美境界的高度。总之,美育可以培养美的人,创造美的社会。全社会都应该高度重视美育,要认识到美育绝不仅是一种艺术教育,也是一种将美渗透进各育之中的教育。美育不仅是学校的责任,更是社会、家庭、个人的共同责任。美育不是一种可有可无的活动,而是一种关系到人格健康成长、社会和谐发展的事业。

---

① 朱小蔓,张男星. 一丛能在异国开花的玫瑰:苏霍姆林斯基教育思想在当代中国的传播与生长 [J]. 北京大学教育评论,2006,4(2):110-125,192.

启示二：要着力进行女性美、爱情美与婚姻家庭生活美的教育。苏霍姆林斯基指出，人是高尚之美的化身，而女性之美是人类审美的顶峰。对待妇女的态度是衡量一个人的道德情操和人道精神的尺度。所以，教育者要教育孩子学会尊重女性，欣赏女性的美；女性也要懂得爱惜和提升自身。

启示三：要高度重视自然美和环境美的美育作用。苏霍姆林斯基认为每个人都是大自然的孩子，如果离开了大自然之美，我们的生命和智慧就失去了源泉。一般来说，自然美对人具有陶冶情操、提升审美能力、提高社会认识、启发智力、启迪创意、增进生活感悟、充实精神生活、愉悦身心等方面的美育意义。

启示四：有必要留给学生足够的时间并丰富他们的课外生活。在苏霍姆林斯基的教育理念中，有一个极其重要的理论，就是给学生足够的自由发展时间，这是学生个性全面和谐发展不可或缺的条件。他认为，自由活动时间不仅是学生智力生活丰富的首要条件，而且只有当学生有自愿支配的一定量的自由活动时间，才有可能培养出聪明的、全面发展的人来。离开这个条件谈论全面发展，谈论素质、爱好和天赋才能，只不过是空话而已。[①] 因此，学生的业余时间是一种宝贵的财富。

2. 杜威的美育思想

任何哲学家的思想都必然是他所属时代的反映。同样，杜威的美学思想也与 20 世纪初美国工业社会的蓬勃发展密不可分。19 世纪末 20 世纪初，资本主义高度发展，美国社会的现状一方面是社会物质和经济条件的大发展，但另一方面是贫富差距的扩大和人格的异化，人成为金钱和机器的奴隶，精神上极度空虚和恐慌，工作中没有快乐，生活的意义也随之消失。同样，在那个时代，艺术也是异化的。由于艺术作品的商业化和技术化，出现了"为艺术而艺术"的艺术至上主义思潮。很多画家只追求极端的个人感受，仿佛作品的意义只有脱离世俗生活才能得到保障，追求精神上的纯洁，认为只有艺术馆里高雅精致的作品才是真正的艺术作品。这让艺术作品进入了另一个极端，逐渐离开了人类赖以繁衍生息的基本生存环境，也被禁锢在常人望尘莫及的象牙塔中。高雅的艺术品成为"小资"等富裕群体的专属权利和地位象征，而普通人不得不寻求

---

① 顾明远. 战后苏联教育研究 [M]. 南昌：江西教育出版社，1991：506.

廉价低俗的物品,以发泄和消除工作中的不满和沉闷,并以此达到短期的刺激和麻痹效果。在杜威看来,在现代工业时期,艺术带给人类的"比以前的时代少了满足,多了厌恶"。杜威的艺术思想就是来源于这样一种对社会和人们的状态的关怀和反思。为了实现社会的改造,帮助人类摆脱精神的失控,寻求生命的意义和幸福,他在改革中国传统二元论美学思想的基础上,确立了以"艺术即经验"为核心的美学体系,力图"恢复审美经验与生活的正常过程间的连续性。……回到对普通或平常的东西的经验,发现这些经验中所拥有的审美性质"①。

《艺术即经验》是杜威的一部重要著作,也是实用主义艺术的代表作。杜威著《艺术即经验》的目的在于从经济学的角度重新审视艺术的属性、特征和功能,还原艺术与经济、审美经验与日常生活经验、审美情感之间的有机联系及其与日常生活的情感的融合,以纠正将技术和美学与日常经济和生活割裂开来的传统观念和主流审美思想。正是从这一主题出发,这部著作才体现出了杜威美学思想的独创性。他对审美问题的多方面阐释都围绕着这个主题展开,并从中获得新的视角。杜威认为,一切传统的、流行的美学和艺术理论,都应该从审美本体论和抽象审美范畴出发,寻求审美问题的解决方法,但需要提供新的认识,引入新的研究方法。他认为,人把自身的力量融入生活、行动,这时所产生的经验可以称为艺术。正是通过这种从经验出发的全新的艺术研究方法,杜威提出了许多与传统美学观点截然不同的新理论。

杜威把艺术和审美生活作为体验的内容,注重艺术和审美与人类生活经验的连续性,拓宽了人类认识艺术和审美生活的视野,进一步丰富了审美艺术研究的对象和范畴。他为美学的发展开辟了更为广阔的空间,从而对美育、艺术理论的基础建设,审美实践的发展都产生了深远影响。虽然在20世纪中叶,随着西欧和美洲分析艺术的兴起,杜威的美学理论一直被忽视,但自20世纪末以来,西方美学学者和艺术理论家开始将注意力转向杜威美学。这与西方当代艺术理论和审美实践的重大变革,以及新的美育思潮密不可分。

在当代技术环境中,由于大众传媒技术的发展,精英文学和大众艺术之间

---

① 杜威.艺术即经验[M].高建平,译.北京:商务印书馆,2005:9.

的区别已经消失,通俗艺术与文化的相互促进、文化产业的蓬勃发展,将手工制作的大众美术转变为机器复制的生产,为美术走进群众、走进社会、走进生活开辟了广阔的道路。随着计算机技术的运用,网络影视、网络音乐、网络游戏、网络文学等新的文艺形式为人类带来全新的文化审美体验,现代审美理论和美育研究需要有新的理论阐释和回应。杜威的美学理论无疑是正确解日常生活的不断转化过程和社会日常生活审美化的一把钥匙。因此,在形成新的美学观点和艺术理论的过程中,一些美学家和文学理论家也从新的审美意识和当代艺术的实际出发,回到杜威的艺术思想中寻求新的思想资源和艺术理念的全新诠释。接受美学的创始人汉斯·罗伯特·耀斯在《审美经验与文学解释学》中论述了"审美经验与日常生活中其他感性领域的经验的界限问题",这与杜威研究的问题基本相同。他还盛赞"作为体验的美学"是审美体验研究领域的开创性成果。美国当代著名实用主义艺术家、现代人体美学理论的推动者理查德·舒斯特曼认为,杜威的人体美学理论对其理论产生了重大影响。在《实用主义美学》一书中,他审视了杜威试图回归艺术实践与正常生活活动关系的连贯审美自然主义,阐述了美学与生活、美的艺术作品与现实艺术作品、高雅艺术与一般艺术、时间艺术与空间艺术、认知与实践等本质上连贯的传统关系,是当代美学理论与艺术实践的重要纽带。他说:"重新思考艺术即经验,激发我努力为大众文化的艺术合法性进行辩护,而且,通过把生活塑造成艺术的样式,它也能给生活之美的伦理理想打下基础。艺术不再局限于某种在传统上有特权的形式和媒体(由历史上艺术过去的实践所认可和统治),作为审美经验的有目的的生产,艺术变得更值得向未来的在大量不同生活经验的素材中的实验开放,对这些生活经验进行审美塑造和美化。"[①] 这可以说是对杜威美学当代价值最好的注脚。

杜威的艺术理论高度重视审美规律和美学与经验的联系,以及美学经验与日常生活的密不可分的关系,并从实验中阐述审美的起源、本质和特征,进一步丰富和发展了美学理论。这些遵循美学客观规律的观念和理论,是人们研究审

---

① 舒斯特曼. 实用主义美学:生活之美,艺术之思 [M]. 彭锋,译. 北京:商务印书馆,2002.

美规律和美育理论的重要理论基础。然而,由于他主张用人们所知道的事物来代替所见到的现实世界,所以他并没有认识到审美经验是对客观现实的审美反映这一本质特征。他虽然非常重视审美经验与日常生活经验的联系,但并未能从审美经验与其他经验的联系中明确提出什么是审美经验中的重要元素。他在强调审美体验与生活规律的密切联系的过程中,也没有充分认识到审美体验不仅来源于日常生活,而且高于生活规律。

> 美育不但要提高人的审美能力，而且要提高人的创美才能。新时代的美育工作应以创美为长远目标，致力于提高人的创新能力，使人按照美的规律创造美的事物，创造美好生活，美化人自身。

美育的基本原则

2018 年,习近平在给中央美术学院 8 位老教授的回信中强调:美术教育是美育的重要组成部分,对塑造美好心灵具有重要作用;做好美育工作,要坚持立德树人,扎根时代生活,遵循美育特点,弘扬中华美育精神,让祖国青年一代身心都健康成长。2020 年,中共中央办公厅、国务院办公厅印发了《关于全面加强和改进新时代学校美育工作的意见》(以下简称《意见》),确立了美育工作应当坚持的三项原则:坚持正确方向,坚持面向全体,坚持改革创新。

坚持正确方向

《意见》指出:"将学校美育作为立德树人的重要载体,坚持弘扬社会主义核心价值观,强化中华优秀传统文化、革命文化、社会主义先进文化教育,引领学生树立正确的历史观、民族观、国家观、文化观,陶冶高尚情操,塑造美好心灵,增强文化自信。"

美育的目的不仅在于提高人们的审美情趣、审美能力和审美创造力,更在于规范审美价值取向、拓展审美视野格局。新时代的美育工作,要把马克思主义和社会主义正确发展方向的教育价值观渗透到美育活动中,并结合我国发展实际。只有这样,广大群众才能真正投身到为实现中华民族伟大复兴而努力奋斗的历史之中。

坚持面向全体

《意见》指出:"健全面向人人的学校美育育人机制,缩小城乡差距和校际差距,让所有在校学生都享有接受美育的机会,整体推进各级各类学校美育发展,加强分类指导,鼓励特色发展,形成'一校一品''一校多品'的学校美育发展新局面。"

美育工作要根据人民群众日常生活的实际需要,从各种社会活动中汲取艺术营养,创新美育文化形式和内涵,丰富人民的精神世界,开阔人民的审美视野,增强人民欣赏美、创造美的能力。例如,影视剧《人世间》以"吉春市"光字片周家 50 年的生活变化反映中国社会 50 年的变迁,真实展现一代人的奋斗与成长,展现中国人善良、正直的形象。该剧凝聚了众多平凡人的身影,赢得了人民群众的认同和赞誉,也鼓舞了人民群众的生活热情,这就是优秀美育作品的意义。

坚持改革创新

《意见》指出:"全面深化学校美育综合改革,坚持德智体美劳五育并举,加强各学科有机融合,整合美育资源,补齐发展短板,强化实践体验,完善评价机制,全员全过程全方位育人,形成充满活力、多方协作、开放高效的学校美育新格局。"

创新是美育的生命。新时代的美育只有在继承优良传统的基础上保持与时俱进,才能历久弥新。美育工作应当既继承又创新,既根植本土又吸收外来,既不忘本来又面向未来,展现出中华民族特有的精神面貌,建设具有强大生命力和创造力的美育体系,让中华优秀传统文化具有更强的号召力。美育工作者应当结合社会发展现状,针对美育工作中出现的新情况、面临的新问题,提出新的解决方案,在实践中不断总结经验,提炼出独到的理论观点。

美育不但要提高人的审美能力,而且要提高人的创美才能。新时代的美育工作应以创美为长远目标,致力于提高人的创新能力,使人按照美的规律创造美的事物,创造美好生活,美化人自身。

美育工作者在实际教学中,除了要注意遵循上述三大原则之外,还要遵循美育的特点，或者说要遵循美育的规律。美育具有其自身的独特规律性。其一，美育以浸润的方式育人，需要学生在高雅的艺术文化氛围中，在日复一日、年复一年的积累中逐渐提升自己的审美素养。其二，美育需要遵循学生个体的身心发展规律。美育活动应当符合学生的年龄特征，循序渐进，针对学生的性格因材施教。美育课程不能只着眼于学生艺术知识的积累、艺术技能的提升，还要注重学生情感、品德和人格的培养与完善。因此，美育工作者要注意美育氛围的营造，通过文字、颜色、声音、情节、图像等艺术方式反映社会，并给予学生充足的进步空间，而不能忽视美育潜移默化的效果或急于求成。

"

美是有力量的,没有美育的教育也不是完整的教育。

几千年前,孔子就提出"兴于诗,立于礼,成于乐",强调审美教育对人格培养的作用。蔡元培曾说过"美育是最重要、最基础的人生观教育"。美育对学生来说,不仅能陶冶情操、提高素质,而且有助于开发智力,对促进学生的全面发展具有不可替代的作用。

"

美育的重要性

美育的基本地位

地位指某事物在社会关系中所处的位置。美育的基本地位即美育在社会发展中所承担的基本角色。对于个人而言,美育是个人全面发展的重要途径;对于教育而言,美育是"五育并举"不可或缺的环节;对于人才培育目标而言,美育是培育时代新人的重要方式;对于民族振兴而言,美育是实现民族复兴的精神动力。

(一)美育是个人全面发展的重要途径

美育向所有人开放,每个人都可以参与。美育旨在促进人的各项能力全面、协调、可持续发展,关系到新时代公民综合素质的提高。多学科组成的综合体的特点,决定了它能够实现学生全面发展的教育目标。因此,在新时代的美育工作中,我们要充分发挥美育的独特功能,润泽心灵,陶冶内在,补充个人的精神食粮,促进人的全面发展,为社会主义事业的持续发展提供保障。

新时期搞好美育工作的方向是提高全民审美和人文素养,提高整体综合文化素质,肯定美育的教育价值。美育不是单纯的艺术教育,它可以增加个人的文艺基础知识和技能,增强创造力,关系到人的全面发展。通过美育,可以激发个人情感,充实内心世界,以内在美改造外在目标,以更高的要求提升自己。

新的时代背景下,全面深化改革,全面建成社会主义现代化强国,促进人的全面发展和社会全面进步,对教育和学习提出了新的更高的要求。培养合格的接班人,注重人才的全面发展,是我们党长期以来高度重视的工作,这是一个关系到中华民族持续发展、实现民族伟大复兴的战略问题。新时代美育工作要有条不紊地进行引导,因时制宜、因地制宜,发挥春风化雨、滋润身心的作用。美育者要弘扬美德,传播审美价值,促进个体身心向着全面、协调、可持续的健康方向发展。

美育是促进个人全面发展的重要内容,其核心在于提升人的审美素养,树立正确的审美价值观。习近平强调,要全面加强和改进学校美育,坚持以美育人、以文化人,提高学生审美和人文素养。习近平关于美育的讲话和回信都说明美育是个人全面发展的重要内容,有助于提高个人的综合素质。

(二)美育是"五育并举"不可或缺的环节

美育关系到党的教育方针的全面贯彻落实,对学生德、智、体、美、劳素质的培养具有基础性作用。为促进人的全面发展,教育要注重受教育者在德、智、体、艺等方面的全面协调发展。构建"五育并举"的教育培训体系,是新时代教育的诉求。"五育并举"是一个整体性、系统性的概念,已成为教育改革和人才培养的风向标。美育与德、智、体、劳四育的关系不是简单的相加,而是结合。德、智、体、劳四育的发展离不开美育的滋养,美育的任务始终贯穿在德、智、体、劳四育中。因此,美育是"五育并举"教育方针的有机组成部分。

党的十八大以来,习近平在多个场合强调了要构建德智体美劳全面发展的教育培养体系,实现教育的"五育并举"。"五育并举"要求在对学生道德情操、创新精神、健康体质、人文素养、劳动技能的培养方面能够坚持全面与重点协调统一的发展,而不是机械的平均化发展。这也是习近平关于教育体系的创新和发展。美育作为五育的重要组成内容,与其他四育相互渗透、协同育人。美育融入德育陶冶,使人向善,以美育德,升华人的道德情操。美育融入智育教学,促进智美协调,培养人的创新精神。美育融入体育活动,激发学生参与运动的兴趣,促进健康体态美的塑造。美育融入劳技实践,以美促劳,弘扬劳动精神美。总之,美育在"五育并举"中占据重要位置,无可替代。

（三）美育是培育时代新人的重要方式

青年是国家进步的主力军，是国家发展的动力。中国特色社会主义进入新时代，人的本质力量得到彰显。时代新人成为当前教育人的目标。时代新人，是有理想信念、有爱国情怀、有道德品质、有知识见识、有拼搏精神、有综合能力的社会主义建设者和接班人。习近平在与北京师范大学师生代表座谈时强调，人才越来越成为推动经济社会发展的战略性资源，教育的基础性、先导性、全局性地位和作用更加凸显。中国要实现社会各方面的高质量发展，必须从人口红利转变为人才红利，培养高质量的人才主力军和后备军。美育是培育时代新人的重要方式。

新时代新征程，呼唤有理想、有信念、有拼搏和创新精神的时代新人。第一，时代新人需要有远大的志向和理想，这就需要正确而崇高的审美理想来指引信念和目标。习近平强调，任何一个思想观念要在全社会树立起来并长期发挥作用，它的一个重要基础就是要从少年儿童抓起。时代新人从小就要接受美育熏陶，在美育文化观赏中点燃心中的崇高理想和信念。例如，红色影视作品美育文化中所体现的革命精神，对青少年起着正确价值观的导向作用，能帮他们辨别出正确的历史方位，知其本末根源，树立远大目标，筑牢理想信念。第二，时代新人需要心怀爱国情感，坚持爱国、爱党、爱社会主义三者统一。发挥美育正面激励作用，引导他们将青春梦融入爱国、爱党、爱社会主义的青春激流中。第三，时代新人要有奋斗意识，发扬奋斗精神。新一代的生活条件显然比他们的父辈更好，但新一代不能因为享受了美好的物质生活就忘记了父辈艰苦奋斗的历史，丧失了艰苦奋斗的精神。在享受美好生活的同时，更要通过社会美育传承和弘扬艰苦奋斗的优秀精神。第四，时代新人要有创新意识和创新能力，才能推动时代进步和个人进步。在美育活动过程中，可以发挥人的主观能动性，释放大脑想象力，激发潜在的创新意识。

（四）美育是实现民族复兴的精神动力

美育不仅是为了追求真理、滋养心灵，更肩负着振兴民族、改变世界的重任。2021年9月，习近平在陕西榆林考察时强调："实现中华民族伟大复兴，基础在教育。我们办教育，就是要提高人民综合素质，促进人的全面发展，提升社会文明程度,坚定文化自信,增强全民族创造活力。"美育作为基础教育的重要方面之一,传承文化,助力科技发展,呈现多彩形式,推动社会进步,凝聚人心,陶冶心灵。

现代化国家的建设和整个民族的复兴,应该体现在青少年一代的健康成长上,体现在民族审美素质的不断提高上,体现在更加坚定的文化自信上,体现在更加强大的民族创造力上。美育传承中华民族源远流长的文明基因和文化宝库,延续先贤的文学命脉和审美情怀,滋养现代人特别是青少年的精神世界,为建设社会主义文化强国事业奠定坚实基础。因此,习近平高度重视美育工作,高瞻远瞩地提出做好美育工作。通过美育,化抽象为形象,化外在理性为内在感性,凝聚成坚不可摧的强大战斗力,助力民族复兴的伟大征程。

美育的意义在于引导人们构建广阔的精神世界,鼓励人们追求更有价值、更有趣的生活,对社会和国家更有责任感。新时代的美育是心灵的修养、情感的修养、人格的修养、价值的修养,是创造力和凝聚力的修养。充分发挥美育的独特优势,将其转化为民族复兴的强大动力。

美育的重要使命

2013 年 11 月,党的十八届三中全会通过了《中共中央关于全面深化改革若干重大问题的决定》,要求改进美育教学,提高学生审美和人文素养。2015 年9 月,国务院办公厅印发《国务院办公厅关于全面加强和改进学校美育工作的意见》,指出要全面贯彻党的教育方针,以立德树人为根本任务,落实文艺工作座谈会精神,按照《国家中长期教育改革和发展规划纲要(2010—2020 年)》要求,把培育和践行社会主义核心价值观融入学校美育全过程,根植中华优秀传统文化深厚土壤,汲取人类文明优秀成果,引领学生树立正确的审美观念、陶冶高尚的道德情操、培育深厚的民族情感、激发想象力和创新意识、拥有开阔的眼光和宽广的胸怀,培养造就德智体美全面发展的社会主义建设者和接班人。

中国科学院院士、华中理工大学原校长杨叔子表示:"一个国家、一个民族,没有现代科学,没有先进技术,就是落后,一打就垮;然而,一个国家、一个民族,没有民族传统,没有人文文化,就会异化,不打自垮。"以艺术教育为主要载体的美育,其使命在于培养学生感受美、认识美、体验美和创造美的能力,从而帮助青年健全人格、建设国家。

（一）在教育史上，美育与教育花开并蒂

有学者认为，史前壁画是人类最早的"教科书"，美术起源于教育。《论语·里仁》中记载"里仁为美"，将美与德高度统一。1903 年，王国维《论教育之宗旨》提出教育宗旨在于培养能力全面、和谐发展的"完全之人物"，将教育分为智育、德育、美育三部分。1912 年，时任中华民国南京临时政府教育总长的蔡元培撰写《对于新教育之意见》，首次在国家层面把"美育"作为学校教育的目标。1951 年 3 月召开的第一次全国中等教育会议上，在新中国成立后首次提出智、德、体、美全面发展的教育方针。1952 年 3 月，教育部颁布了《中学暂行规程（草案）》《小学暂行规程（草案）》，提出实施德智体美劳五育全面发展的教育。无论是在几千年前的中国文化中，还是在近现代的中小学教育中，美育都是促进人全面发展的必要部分，它肩负着培养人、发展人的历史使命。

（二）美育是教育的基础学科

美育有提升美感与开发创造力的功能。美感所产生的精神愉悦，可以丰富人的精神世界，提高人对美与丑的辨别能力。学校美育可以让学生体验到美的价值及力量。美感是直觉与理性的统一。人类的美感不同于动物的快感，人类在体验过程中会有回忆、判断及分析等意识活动。因此，美育也有利于提高学生的理性思考力。

（三）美育是学子自身发展的需要

中华传统文化认为审美关乎人的发展与人格完善。孔子的"里仁为美"鼓励修炼内在美，使美与善达到高度的一致。审美教育是触动人性的教育，是用高雅的作品来感染人，对学生的成长起到潜移默化的作用。美育是培养完美人格的重要途径。所以，美育对于学生成长的意义，更多地在于对学生人格发展的影响。

哲学家黑格尔表示美是理念的感性显现，艺术本身弥合了自然与人审美的龃龉，所以艺术美更为高尚；而人们进行艺术创造是把自己的思想情感外化，通过艺术的创作，人们观照自我、认识自我、思考自我。所以，只有真正自由的灵

魂才能拥有所谓的"创作的自由",艺术即人类的解放,这样讲完全不为过。

美育的重要价值

（一）五育之辩

德、智、体、美、劳五育作为现代教育体系中最为基础的独立构成部分,相互联系、渗透、制约和依存。

1. 美育与德育

审美和道德的差别决定了美育与德育的差别。德育的基础是道德。道德是指一个共同生活的人类社会社群中,有关共同的行为价值判断准则和比法律契约更为基础的约定俗成的规范,是在任何情况下调节人与人之间人文关系的思想、规范、规则、行为原则和活动的体系。道德教育的本质是考虑他人的立场,建立自己的行为,并以道德规范来规范自己的行为,基于智力和情感创造自由的人格。美育是在人类活动的各个领域中形成对美的体验和评价能力的有目的的过程。它具有情绪性、活动性等。一个人的感觉、记忆、思维和说话都参与理解艺术的过程。美育的完整性和深度取决于心理发展水平。

美育和德育有很多共同之处。审美理想同时也是道德标准。美与德的统一对一个人的情感、思想、行为都有很大的影响。一个人道德发展的水平决定其人生目标和态度以及精神价值。道德信念影响一个人的品位和需求。一个人在领悟美的过程中,开始深入地洞察事物的本质,理解事物,并在此基础上获得道德的方向和意识。因此,美育和德育都是一个人品格修养的基础,即"德"定方向,"美"塑心灵。

2. 美育与智育

智育是指促进知识积累和智力发展的教育,美育则是培养审美能力、陶冶情操、塑造心灵的教育。智育是培养逻辑思维能力,注重培养学生的逻辑判断和推理能力,以观察力、想象力为手段促进其智力提升。美育始终不能脱离激发美感的感性世界,受到逻辑判断和推理能力的影响,但情感和感受力的退化又会危及理智本身。因此,美育与智育既有差异,又相互结合。

美育和智育是课堂教学和其他教育活动的方式,旨在帮助学生成长为有知识水平和审美能力的合格人才。拥有智性审美是一个优秀的思考者或学习者的优秀品质或性格优势。智性审美是指人们在欣赏艺术作品时所使用的理性分析能力。它之于感性审美而言,更加注重对作品的内在意义和表现形式的理性分析和理解。智性审美包括好奇心、注意力、开放的思想、智力上的谦逊、智力上的自主、智力上的勇气和智力上的坚韧。智性审美并不能替代传统学科如数学、英语、历史和科学的知识,却能够帮助学生接近和参与这些学科——以一种个性化的、深思熟虑的、积极的方式。

3. 美育与体育、劳育

美育和体育都是需要人的身心全面投入的活动,但美育偏向精神层面。体育则偏向身体方面,是通过身体的锻炼增进健康、增强体质、发展体能的实践教育。劳动教育是一种实践性突出的活动。可以说,德育、智育和美育是精神和智力层面的"心"的教育,而体育和劳育属于身体实践层面的"身"的教育。正如身心不能割裂一样,德育、智育、美育、体育和劳育不能完全分离开来。

美育与体育、劳育之间存在很多共同之处。美育是情感活动、实践活动,是促进生理和心理和谐与平衡的重要手段;体育和劳育是夯实身体素质,促进眼、手、脑协调的实践活动。在体育和劳育中挖掘学生的美感潜力,培养其对健康美、节奏美、协调美、劳动美的审美实践能力,有助于学生直观性、体验性和创造性思维能力的提升。

总之,审美教育在五育中具有特殊性,对于促进文化多样性,促进青少年身心、情感和人格的发展具有重要意义。

(二)美育的内涵之辩

美育是情操教育和心灵教育,不仅能提高学生的审美能力与人文素养,更能促进学生的全面发展。美育是一种认知方式,通过美育可以增强审美意识,学习增强审美体验的技能、知识。

1. 美育不等于人格教育

自古以来,美育的概念作为人格塑造的基本元素一直存在于教育教学理论中。柏拉图认为美育是自由的人的教养或教育中不可缺少的组成部分。席勒认为只有通过美育才能实现教育目标,强调审美在艺术中的教育功能,即丰富人的思想,培养人的思想,使人产生真正的人性意识。赫尔巴特指出教育中理性单向性的危险,认为可以通过审美文化来维持孩子人格的完整、和谐与平衡。里德发现,所有教育制度及其方法的基本错误都在于注重理性思维,这可能对个人的内在和谐产生负面影响,因为人必须经过训练才能生活在一个创造性和自然性的社会,且只能通过美育来实现。

然而,美育不完全等于人格教育。教育的最终目的是培养人的本性。它使用的方法是"科学的"和"艺术的"。然而,教育过程中的审美取向却被忽视了。事实上,促进人的全面发展是教育的根本要求,也是实现人类进步的重要目标。美育可以全面促进人的感性和情感发展,作为感性和理性的桥梁,使道德和智力发展保持平衡。美育的最高使命应当是建构与培养人对美的感受、判断与创造的能力。人格教育的侧重点是道德品质教育,而美育则在培养人们健康的审美趣味、鉴赏能力的同时,使人受到高尚道德的熏陶、滋养,但并不降低为"德育的工具和附庸"。

2. 美育不等于情感教育

美育,英语为 aesthetic education,其词根是希腊语 aisthetike,意思是"感觉、知觉"。在美育中,学生可以进行情感反应的表达和感性体验。美育是一种身体、思想、情感和精神之间存在内在联系的感性教育,需要通过一定的媒介在现实中发挥作用,以培养学生对所有与生活有关的事物的高度认知和欣赏。例如,学生能够通过绘画、陶艺、音乐、口头或书面文字、数学和运动等媒介的身体反射性塑造来表达感知、感觉和想法。由于审美素质是与感知和智慧思维有关的一个方面,美育帮助学生发现新的方式来看待和表达他们的日常经验。在审美的世界里,人的感觉器官和心灵得到了平静、净化和滋养。与审美对象的交融越多,得到的启示也就越多。中国人民大学教授王旭晓认为:审美对象是引导者,人们只有通过对形象的本能感知才能达到审美感受;达到审美感受是进入更高层次的审美境界即体验世界的必经之路,在体验中,最终能把握对象的深层意义。由上可知,美育所激发的审美情不同于日常生活中的一般情感。它是人类理智与情感相互协调的教育,渗透着认知、评价等理性因素,又融合直觉、想象、感受等感性能力。在我们进行审美的那一刻,运用大脑的直觉感知眼前的情与景,生发而成审美的意象,达到审美愉悦。因此,美育并不等同于情感教育,它通过提升人的感性来健全人格,让我们的存在由"生存"变为"生活",与动物世界相区隔,推动社会文明的不断提升。

3. 美育大于等于艺术教育

美育和艺术教育的确都与艺术本身有关,但它们的目标和实现路径大不相同。艺术教育是实现美育的重要手段,但不完全等同于美育。美育不仅参与学生的敏感性发展,而且参与学生人格(认知、情感、社会和心理运动)的整体发展。这是与艺术教育相区分的。艺术教育在性质上具有狭窄的专业性,仅以发展艺术能力为目标。美育则力求使学生熟悉各种形式的艺术,通过艺术修养的培养、审美情趣的熏陶和审美习惯的培养,使艺术才能成为个人文化素质的重要组成部分,最终达到提升人的审美能力的目的,对人的整体发展水平是一种提升。美国学者斯皮瓦克认为,在人文和文学的帮助下,个体可以找到走出情感和身体孤立的方法。艺术体验可以引导个人成为完美个体。因此,艺术教育不同于美育,更不能替代美育。

美育的任务

美育最重要的任务是培养审美意识和审美感知力,体验、创造、评价和表达美。现代教学法认为每个学生都应该培养自己观察、体验、评价和创造美的能力。而要做到这一点,就必须为学生提供健康的生活环境和积极的美育。

(一)提升感知美的能力

培养对美的感知能力是美育的首要任务。其实,美就在我们周围。罗丹曾说过:"美无处不在。"感知美的能力和发现美的能力是审美认知培养的关键因素。为了让学生能够欣赏到自然的美和生活的美,必须让他们首先注意到这些美。如果学生观察事物的能力不够充足,便不能关注到特定事物的形状等,而审美始于对审美品质的关注。这种认知能力包含情感认知、理性判断能力等。

如果识别审美品质的能力得不到发展,人们也就无法体验美。

在生活中,美既是美育的手段,又是美育的结果。它与自然、社会活动、日常生活、人与人之间的关系都有着不可分割的联系。美育充分利用现实生活中的一切审美现象,特别是对工作中的美的感知和理解,使美成为工作过程和结果的一部分。因此,美育的重要任务之一是培养人们对艺术、文学和生活中的美的感知、欣赏和正确评价。

(二)体验审美品质的能力

审美品质必须被体验。体验审美品质的过程包含着审美主体对审美客体的感知、想象、理解等成分,同时伴随着特殊的情绪、情感状态,这意味着审美主体会产生兴奋、快乐、乐观等情绪,在体验过程中"感兴""妙悟"。体验的过程是一个基于观察、感受情感心理,进而进行评价、产生心理愉悦的过程。审美意象经过审美体验的激发而被创造出来,从而参与艺术创作。审美主体要领会、创造和鉴赏审美客体,就需要通过审美体验这一路径和手段,继而获得审美快感、积累审美经验。我们在阅读文学名著、欣赏艺术作品、游览名山大川的过程中,并不只是感官"享受"。这些审美客体不仅能激发人们的审美情感,也会留下审美意象,而审美意象也会逐渐成为审美体验的一部分,进而成为审美经验,形成将来欣赏和创造的审美参照。因此,可以说美育过程就是提升审美体验的能力的过程。人们在不断的审美体验过程中能够提高对审美客体的敏感性和辨别力,并形成自己的审美趣味,提高自己的鉴赏能力。

(三)培养审美创造的能力

审美创造是人的审美经验的对象化活动。美育的目的是提升人们的审美能力、塑造美好心灵、陶冶高尚情操。人在具有良好的审美素养时,审美意识能够被激发出来,在创造和想象的催化作用下在头脑中形成独特的审美意象,从而产生创作的欲望。因此,让学生进行审美思维、感受审美体验是审美教育过程中必不可缺的任务。学生有审美体验后,不乏创造和想象,这时的关键就是教师的态度。只有鼓励和赞许学生的各种创造和想象,不管它们多么离奇或不合理,教师都予以接受,才能让学生保持旺盛的创造力。让学生参与提高其创造能力的活动是很重要的。这并不是说要培养他们具有专业艺术家的审美能力,而是要让他们具有一般审美文化的创造力,在日常生活中创造审美价值。美育并不是为了培养一些艺术专门人才,而是要普遍提高青少年创造美的能力。因此,审美教育是"润物细无声"的教育,点滴渗透到各个学科和课内外活动中。学生经过感知体验,有意识、自觉地发挥创造才能,达到提高审美创造才能的目的。

(四)形成审美判断或审美素质的评价

审美判断是一个"感知体验—分析概括—确认评价"的过程。审美判断经历审美特性的感知阶段,分析、概括、衡量审美标准,最终进行确认评价。审美判断的标准即审美标准。人的活动受世界观的支配,其中美育起着重要的作用。人需要区分真与假、好与坏、美与丑。人在经过"感知美—体验美—创造美"的过程后,才能保持良好的审美判断,形成正确的世界观和美学观。在具体的审美活动中,教师必须掌握各种类型的知识、能力和评价标准,才能区分作品美还是不美、是否有审美价值、是否有艺术价值,才能教学生具备判断美和评价美的能力。

当前美育发展的不足

(一)忽视美育在学生养成良好德行与提高认知智力水平过程中的重要意义

美育可以提高学生对真假、善恶、美丑的分辨能力,提高他们的道德修养,这对学生良好德行的养成具有积极的推动作用。但是,由于受应试教育的影响,人们对美育的作用和意义认识得不深刻,更有学生父母对美育的认识只停留在"美术只是画画"的肤浅层面。由于家长的不认可,或者说需求方没有需求,再加上社会对教育水平评价标准的偏差,把升学、高分、名校作为标准来衡量学校教育的优劣,学校不得不忽视与升学"无关"的美育。实际上,学校教育的宗旨是对人的教育,而不是升学的教育,美育是对人施教的重要途径,所以蔡元培才有了"纯粹之美育,所以陶养吾人之感情,使有高尚纯洁之习惯,而使人之我见、利己损人之思念,以渐消沮者也"的想法。缺乏文化素养和艺术鉴赏能力的青少年,分不清人体绘画艺术作品和淫秽画的区别,美丑不分,甚至会走上违法犯罪的道路。通过美育提高学生的文化素养和鉴赏美的能力,可以使学生端正人生观和价值观,去发现美、享受美,实现审美情感的升华。美育可以使人身心健康、积极乐观、精神充实、生活丰富,有助于学生良好的道德品质的养成。同时,美育又可以培养学生的观察、记忆、想象和创造能力,促进学生智力的发展。

(二)忽视养成学生审美修养的长远目标,追求短期效果

美育中的知识教育和美术技能训练,会影响学生未来的社会工作选择和生活水准。由于升学率的压力,人们对教育尤其是美育的认识不够深入,对美育的作用不够重视,对素质教育理解片面,只追求眼前利益与效果。人类社会一直在向前发展,美术在社会生活中的存在感越来越强,用途也更加广泛。除了具有艺术观赏性的绘画、雕塑之外,生活中与美术有关的方面比比皆是。譬如,我们的穿衣戴帽、起居行都与美术有着不可分割的联系。衣着的色彩款式、住宅建筑的外观、环境的协调等等,都属于美术范畴。人只有拥有良好的审美观和健康的审美情趣,对待生活才会有积极向上的态度,才会发现美并乐于创造美,才能形成正确的人生观和价值观。这与蔡元培"五育并举与健全人格的培养"理论是相通的。他在这一理论中指出,要使学校在教授科学知识的同时加入美育环节,同时不能忽视社会和家庭美育,要通过德育、智育、体育、美育和世界观教育的同步进行,使学生在寻求知识的同时涵养情感,以实现知、情、意、行的平衡发展。美术是人生的必修课,是义务教育中基础教育的重要组成部分。美育除了教授美术知识和基本技能之外,还是培养学生审美观念和艺术创造力的重要手段,对学生正确人生观形成,在往后的人生中能够更好地融入社会,都有着至关重要的意义。这也是与蔡元培的美育思想相契合的。

(三)教学资源投入不足,配套设施不完备

教育经费分配不均,过于倾向高考科目,一方面会使美术课程的开课率不足,有些学校美术课时常被其他学科挤占。即使在能正常开课的学校,如果活动教室和相关需求资源配备不到位,会导致学生的参与面狭小,无法满足学生进行美术学习的需求,美术教学效果也将大幅降低,不利于学生的全面发展。

学校美育应当在自由轻松的氛围中促进学生个性和兴趣的发展,美育课程应符合学生的兴趣,并让他们根据自己的喜好选择各类校本课,而这种自由的选择要有备品方面的保障。如果相应的活动室和教学设施没有配备齐全,就会使他们的学习兴趣产生阻碍,难以进一步培养他们对美的兴趣。另一方面,地区发展程度的差异性,导致不同地区、不同学校的美术资源丰富程度有差异,以至于美育的普及程度不同。如果美术课程不能发挥学生的主观能动性,那么美育将失去在培养学生全面发展中的应有作用。

蔡元培美育思想的内涵是"美育者,应用美学之理论于教育,以陶养感情为目的者也",简而言之,就是陶冶情感、净化人格,最终目的就是"育人",通过育人,提高国民素质,达到强国富民的目标。要实现中华民族伟大复兴,提高全民族的素质是至关重要的。没有高素质国民对民族文化的自信,就没有中华民族伟大复兴。所以,发展教育是增强民族文化自信的重要途径。美育的价值就在于提高国民的素养,能够使国民受到真善美与文化的陶养,在精神层面能够适应并推进社会和科技高速发展。

"

搞好美育工作,要因势而变、因时而进、因势而新。可以沿用读经典、示范榜样、美育实践的老方法,也可以与时代特征相结合,创新美育传播手段。

"

第四节
美育的实施路径与方法

❂ 美育的实施路径

（一）授课教师的美育

提高审美修养是教师将审美内省与审美实践相结合的自觉追求，使教师修养从单纯的智力素养发展到品德、审美和智力并存的职业素养，并通过师生的教学活动凸显自身修养价值。教师审美修养的提升不仅有助于提升专业智能结构，而且有助于促进身心和谐发展。教师专业发展包括知识水平、思想文化、教学能力、人文素养等要素，而审美修养是人文素养提升的关键因素，也是教师专业发展的必备条件。传统的教师专业发展较少关注教师人文素养的提升，忽视了对审美特性的基础知识和能力的学习，因而影响了学生的价值判断和审美素养。具有较高审美修养的教师，可以通过强烈的审美意识和健康的审美素养来教育学生，能够在学校树立正确的审美观。丰富的文化知识是提高教师审美修养的内在条件。教师需要通过自学或培训的方式深入地学习美学理论，了解审美对象、审美经验和审美心理结构等因素，自觉提高审美修养。审美修养不仅是外在审美结构的体现，更是自我审美修养的体现。教师根据审美研究和审美心理不断提升自己的人格魅力。例如，教师良好的气质和言行举止就是教师审美教育实践作用的直观体现。教师以言传身教引导学生去发现美、认识美。教师的审美修养是审美追求与自我完善的结合,是教师专业素养提升的意义、动力和方向。教师对自己的职业要呈现积极的态度:爱岗敬业,遵守职业操守;对学生真心关爱,尊重学生的成长规律;在人格榜样上以美育人、以己律他,工作上精益求精、追求卓越。教师要律己先行,提高语言审美能力,重视吸收批评反馈,规范生活化审美能力,不断反思和提升,尊重学生的个性发展,注重价值观的引领,学习美学知识和理论,提升自身的审美修养。

(二)学生课程的审美

做好课堂美育工作,必先进行课程审美化建设。艺术学科的课程要与非艺术学科的课程形成有效互补的合作机制,在非艺术学科的课程中挖掘美、渗透美,对课程进行审美化改进。例如,教师以合乎审美的方式深入研究课程内容和课程形式,在理解的基础上,发现、提炼课程内容的审美元素,并从教学环境、教学实践、教学形式和教师的自身形象等外部因素着手进行审美构思和形象表现,摒弃单一训练的教学模式,着眼于学生整体素质的发展。在教学实践中,让审美元素贯穿各门课程,吸引学生轻松、自由地投入学习过程,强化学生的自觉审美意识。在教学形式上,经常利用动画、投影等多样化的教学手段进行具体课程讲授,引领学生感受科技美、语言美、社会美、生活美和人生美。学校应立足本地,充分挖掘当地特色的文化艺术审美课程,发扬优秀传统文化,并不断开设可以提高学生审美素养的美育综合课程。比如陶艺生物课,陶艺课教师和生物课教师共同讲授课程,通过陶艺动手实践,捏出生物细胞模型,使教学直观形象,让师生共享教学之美。

1. 不断探索更适合授课内容的教学方法

教师先要确立以学生为中心的指导思想,并以此为依托进行教学设计。在教学过程中认真规划并设计教学场景,合理利用信息资源,引导学生进行自主学习和合作学习,精心设计多种评价环节,通过引导学生发挥主观能动性来提高美术课堂的教学效果。教师还要在课堂上通过观察和体验、构思和创作等教学环节,引导学生观察生活中的细节之美,以激发学生热爱自然、关爱生命的情感。一个时代的审美发展很大程度上取决于同时代的文艺作品和继承自前人的文艺作品所达到的审美高度。因此,在欣赏艺术品的时候,我们必须站在当时的时代背景下,以创作者的角度去体验创作过程,从而感受作品中所蕴含的思想和情感,使学生在个人生活经验的基础上进行艺术品赏析。这就不再是单纯的欣赏,而是在当今时代背景下对美术作品的内化和再创造。欣赏课的内容不仅指向传统艺术作品,也指向当代艺术作品,即欣赏的对象不仅涵盖过去,也指向现在和未来。美育的推行中,首先要培养学生高尚的审美取向,这是进行美术欣赏的基础;其次,通过对古今中外优秀美术作品的欣赏,总结出共通的美,从而提高学生的审美水平;最后,要通过美育提高学生的创造力。

教师要营造一种轻松的学习氛围,只有在这种氛围中才能够更好地激发学生的创造力。在课程的各个环节通过提出问题和设置情境的方式引导学生多感受美术作品,以多种形式促使学生参与观察和表现活动,培养其发现问题并能够独立思考的能力,使学生运用不同的绘画材料和绘画语言表达自己的创意和想法,同时锻炼其解决问题的能力。在教学过程中,教师要遵循学生生理发育和心理发育的基本规律,把握好审美水平和美术学习进展之间的规律,通过对各类美术资源的开发和高效利用,教会学生观察、体验、联想、比较等感受美术作品的方法,让他们积极参与讨论和合作并充分表达自己的感受,以达到提高学生审美水平和判断力的目的。轻松的学习氛围还有助于培养学生的自信心和健康的心态,使学生在耳濡目染中形成乐于自主学习的良好习惯。

教师要主动发掘更加生动有趣的教学方式,探寻适合学生身心发展程度的教法,更好地激发学生对美术学习的兴趣。在教学过程中适时运用游戏、影像、音乐等手段进行故事讲述和情境重现,也可以通过参观和社会实践等方式带领学生进行实地考察,增强学生的形象感知力。还可以根据课程安排和学生的实际需求开展机房美术课,培养学生进行自主信息检索的能力。摄影课上可讲授计算机美术创作和设计的基础知识,使学生能够始终处在进步的状态。教的另一面是学。教师还要寻找适合学生年龄特点的学习方法,重视对学生自主学习方式的探究,引导学生进行自主或小组合作的拓展性学习。学生只有掌握学习方法,具备美术的基本知识及绘画技法、欣赏他人的美术作品和进行自我表达与创作的能力,才能更好地在日后实践中发挥美育的效用。

审美教育需要立足于我国国情和社会现状,吸收我国传统美术思想和国外美术思想的合理内核，逐渐形成适应我国当代美育发展需要的教学理念。在 20 世纪，要振兴中华就必须学习西方的先进思想，这是在特定历史条件下中国人做出的必然选择。蔡元培主张思想上的中西融合，是为了改变近代中国满目疮痍、保守落后的思想文化现状和被列强欺凌的局面。他提出在吸收和融合的过程中，一方面要有针对性地借鉴西方美育思想，另一方面要梳理我国传统思想中与时俱进的部分，去芜存菁，使之形成理论体系，让传统思想中的优秀部分与西方科学精神碰撞，融合出具有时代先进性的全新思想体系。这就是蔡元培所说的"保我性"。

2. 美育理念在中外文化中碰撞进步

美术课程应最大限度地发挥其在素质教育中的正向促进作用，为国家和社会培养出具有时代创新精神、普世关怀和一定审美高度的新时代公民，即"完整的人"。国内以往的教育理念是以传授知识为主的，注重学习的结果，换言之就是关注学生有没有学到知识，忽视了对学生学习能力的培养；而国外先进教育理念是以传授学习方法和态度为主的，注重学习的过程，注重学生人格的均衡发展，因此学生的幸福感也会更强。所以，当今美育的教学理念革新应当效仿蔡元培在融合中西方思想过程中所做的取舍，充分借鉴国外的优秀教育思想，选择和吸收其中能与我国美育实际相融合的理论。

首先，要借鉴国外关于创造力发展的美育理念，在美术教学中突出美术的视觉本质。教师应引导学生在美术学习中多锻炼各个感知觉器官以积累经验，促进感知觉的发展，锻炼图像思维能力、想象力和表达能力。美术课是有实用价值的，要让学生在课程中学会使用传统绘画手段或新媒体技术进行创作，激发学生的想象力，提高其动手能力和创造力。在美术课堂上，教师还要让学生懂得尊重和欣赏创作于不同时代以及不同文化背景下的艺术作品，使学生养成留意生活细节、善于发现生活中的美的习惯，并逐渐在美感渗透中培养学生的人文气质。美术的学习强调寓教于乐。教师应当设置情境，通过体验式教育和适当的挫折教育让学生能够在美术学习和创作中尽情表现自己的想法，在展现个性、抒发创造力的同时增强学生的创作自信，增强学生对自然和社会的爱与责任感，培养学生对美好生活的向往，以达到养成健全人格的目的。

其次,美术教学不能失掉民族性,要以社会主义核心价值体系为指导,在教学过程中弘扬本民族优秀传统文化,从而达到素质教育的培养目标。教师要以新课标划分的造型表现、设计应用、欣赏评述和综合探索4个课程种类为基础,选择合适的授课方式。不能忽视课程安排中的综合探索课,它能通过美术实践加强学生对生活经历的感受,让学生在轻松愉快的状态下提升审美活动所需的能力,进而提高学生的审美层次。

再次,要借鉴国外灵活多变的教学评价体系。美术课的评价要在教学实际的基础上进行,评价要做到实事求是,教师要在综合性评价和学生的自我评价中寻求教与学的平衡点。教师要注意学生在美术知识和基本技能层面的掌握程度,不能忽视对学生接受情况及学习态度的了解和评价。一方面,教师要基于美术作品对学生的学习成果进行有针对性的评估,同时结合学生在学习和创作中的表现来评价学生的美术学习能力和思维层面的发展情况,对其进行全面的综合性评价,借此鼓励学生以多样化的方式进行美术学习。另一方面,美术作品的评价要以多种方式进行,在课堂上鼓励学生以自评、互评、小组讨论或集体展示的方式参与对美术作品的评价,使学生与教师共同完成评价环节。学生之间的评价可以在课堂上进行,也可以在课后以互相交流的方式进行。评价的结果可以用多种方式表现出来,可以采用等级、分数等量化方式,也可以将评语与评级结合起来进行综合评价。需要注意的是,在教师评价环节要让学生能够以合适的方式得到评价结果反馈,要从多角度进行评价,如创意思维、表现手法、构图方式等方面,评价要在肯定学生进步的同时指明今后改进的方向。

3. 整合优质课程资源,提供直接审美体验

在学校美育中,学习审美知识是美育的基础,是引导学生正确、深刻、全面地感受美、欣赏美,并进一步表达美、创造美的前提。但是,美育内容远不止理论知识,还应该包括学生能够主动参与的、与生活密切结合的审美活动。在实际教学中,美育通常被设置为面向学生群体的特殊知识活动,以理论讲授和技能技巧训练为主。美术课局限于绘画临摹,音乐课被限定为唱歌,学校美育呈现出课程结构单一化的倾向,教学内容脱离学生生活实际且枯燥乏味。与

之不同的是,社会美育因教育对象的复杂性、社会审美机构和审美活动的多样性,其审美内容丰富,这对于弥补学校美育不足,丰富其教学内容具有直接的作用。

第一,社会力量融入学校美育,可以把学校美育的教学素材资源拓展得更为立体。学校负责美育的一线教师往往对于某一领域比较熟悉,而在其他方面就稍显不足。比如,学校的书法教师对于素描速写可能并不擅长。而美育包含的范围十分广泛,比如音乐、舞蹈、歌剧、绘画、戏曲、影视,社会资源的加入能补充学校美育的不足,学生有更多渠道走进现实中感受美、发现美、创造美。比如,社会机构可以通过提供手工、绘画、鉴赏等场地和渠道,为学校美育开拓无限的空间与视野。

第二,很多专业的社会艺术资源可以提供给学生。比如,青岛大剧院、青岛凤凰之声大剧院等与本地的中小学合作,让学生有机会接触国内外一流的艺术乐团、话剧团等,接受艺术的熏陶,感受国内外一线艺术家的魅力,大大提升了学校的办学品位,扩大了学生的艺术视野。

学校美育主要采用技艺化、知识化和功利化指向的传统艺术教学方法,教师将关注的重点放在学生的艺术技法或知识的掌握程度上,课堂中往往缺少极为重要的审美参与和审美体验。通常,教师以课件的形式浮光掠影般地呈现教学内容,很难意识到沉浸式教学对于美育的重要价值。这不但忽视了学生审美素养的培育,也让学校美育因其实施方式的机械性而处于更加薄弱和局促的地位。事实上,美育强调通过形象、生动且富有感染力的审美对象,以形象直观、熏陶渲染的方式激发学生对美的感知与体验,进而在教学过程中实现美的启发与美的创造。正如杜威所言,"思维起于直接经验的情境",这在美育教学中同样适用。美国教育哲学家玛克辛·格林认为,审美不是静止的,不能单从静态的角度去教导学生被动地感受美,而是需要学生学会走出教室,通过主动参与发挥自身的想象力,唤醒主动反思与行动的力量。"走出教室"意味着教师给学生带来美育知识的同时,也能带领学生真实体验到美的事物,使学生沉浸在美的情境中,学生才能感同身受,提高艺术修养,这恰恰是学校美育所缺乏而社会美育能够有力补充的重要方面。社会美育多是基于真实事件和实际问题展开的,通过实物展示、情境创设、实践操作,在解决实际问题的过程中逐步培养受教育者对美的认识与感受,使美育的直观性、形象性和趣味性等特点能够充分彰显。社会美育力量参与学校美育,突破学校美育以间接教学为主、缺乏情境创设与忽视学生体验的局限,引导学生进行体验学习、情境学习。社会美育通过开设观摩课程以提升学生审美素养,增加实践课程使学生亲身感受美育魅力,鼓励学生登台表演以增强其自信心和提高其创造力;通过调动学生各种感官与外部环境的交互,以美育活动的感染力使学生置身于美的环境中,让"美"可见可感。这些都为学校美育方法的创新提供丰富的空间。

4. 以中华优秀传统文化为载体,讲好中华美育故事

美育中蕴含着丰富的中华优秀传统文化内容。无论声乐中的金石之声、钟鼓之乐,抑或绘画中的花鸟图案、装饰纹样,都展现出审美教育中的中华优秀传统文化的魅力与内涵。但在学校美育的实际教学中,教师受课时与自身底蕴的掣肘,难以深入挖掘美育学科中的优秀文化,学生无法深入了解其中的文化内涵,美育应有的文化魅力被遮蔽。事实上,对美育学科的学习,需要学生在感受其深刻之美的同时,从内心深处真正涌起对本民族灿烂文化的欣赏与自豪,学习根植于中华优秀传统文化土壤的艺术故事,提升民族自信心与认同感。社会美育作为传播中华优秀传统文化的重要载体,涵盖着大量民族特色与民族习俗,要通过渗透学校美育,令学生关注文化的传承,教学相长,探寻艺术真谛。

银川市文化艺术馆将木刻版画拓印、民间剪纸艺术、布贴画、纸刻书等非物质文化遗产渗透到中学审美教育中;国家大剧院为学子研发云锣、木鱼等中华传统打击乐器精品课程,特别是歌剧、京剧等极具艺术张力的戏剧课程;中央美术学院与中小学共同设计华夏传说系列课程,诸如"兵器战马、兵马俑、乐舞俑对你说"。学生在平时的课程中较少接触这些内容,通过学习,学生能够领略其中的文化元素、中华元素,更多地认识和理解美育学科背后的优秀文化,通过亲手实践和亲身感受领略传统文化的魅力,实现美育的文化价值、民族使命。

对于美育课程中经典文化的教学目标的确立,要格外认真。中华优秀传统文化的传承中,最重要的一环就是人们对于文化魅力的发现感受和鉴赏理解,这本身就是美育课程的核心。可以说,美育课程对于中华优秀传统文化的

血脉传承起到了重要的作用。但中学生处于人生发展的趋完善阶段,心理学家与脑科学专家都指出,在这个阶段,理解与认知能力迅速发展,但尚未完全成熟。尤其是审美这种需要理性与感性并举的认知行为,特别需要因材施教,既要结合本地民俗特色和本地学生的艺术水平,又要尊重文化的多元性和学生积极良好的审美品位的发展需求,设置有助于培养学生健康审美价值取向的课程。

尽量多元化丰富地引入传统美学的色彩,合理运用人们感知事物的能力,配合发挥学生自主性的反转课堂或者项目式教学,提升学生的审美素养。比如,在历史课讲到代表性人物时,要将传统文化中"位卑未敢忘忧国"的爱国精神、"天行健,君子以自强不息"的意志、"己所不欲,勿施于人"的处事原则等引入其中。

5. 进行沉浸式、体验式主题美育实践

美育不同于其他类别的教育,它没有明确的可以量化的精准评价手段,有时候学生的成长未必能在一朝一夕看见。审美的培养是细水长流、春风化雨的,但这对学生的长远发展将有非常重要的作用。基于此,在一个没有正反馈的学习进程中,激发学生自己的主观能动性,注重学生的内在生发和兴趣激励就显得特别重要。教师需要营造一种沉浸的、美学的氛围,让学生把学习的目的变为学习本身,把审美的目的变为感受美、获得美本身,让美学的体验自然地流淌,让审美的氛围优雅地发生。比如在中秋、春节、端午等传统节日,校园内外布置彩灯,组织书写春联、包粽子等活动,在课堂上播放相关诗词,开展剪纸、蜡染、镌刻、书法、雕塑、戏曲等主题活动。这些看似成果难以量化的活动都可以在校园以及课堂营造出一种底蕴深厚、历久弥新的文化气息,在潜移默化中培养学生的审美志趣。不过需要考虑的是,沉浸式的体验要考虑学生的认知水平,要贴近生活。运用新传媒和大数据的运营手段,融入传统经典文化的教学手段,既可以打破授课时空限制,又能高效率、精准化地个性化定制"一生一策"。学校在开发学习网站等固有平台之余,还可以探索互动短视频、微信公众号和视频号等新兴流媒体平台,打造全平台的教育渠道。当前的教育渠道新颖、快捷,适应于年轻人需求的审美素材将会形成良好的氛围,学生会围绕一个话题进行二次创作,校园中会不断产生独属于青少年的美学文化。

这种流媒体的美育方式,将会在不久的将来成为流行趋势。

美育的工作方法

美育方法可以很好地沟通美育内容和美育对象。搞好美育工作,要因势而变、因时而进、因势而新。可以沿用读经典、示范榜样、美育实践的老方法,也可以与时代特征相结合,创新美育传播手段。

（一）注重经典作品的学习

研读、学习经典作品是我们提高文化素养和审美能力的重要途径之一。党的十八大以来,习近平多次强调党员和学生都应该多读书、勤学习、真钻研,切切实实通过阅读大量经典作品,体悟经典魅力,汲取高尚精神力量,抵制错误腐朽思潮的侵袭,不断提升自己在精神文化层面的审美认知和审美水平。他强调:"要修炼道德操守,提升从政道德境界,最好的途径就是加强学习,读书修德,并知行合一,付诸实践。广大党员干部要养成多读书、读好书的习惯,使读书学习成为改造思想、加强修养的重要途径,成为净化灵魂、培养高尚情操的有效手段。"关于怎样阅读经典作品,他指出:"党的各级领导干部特别是高级干部,要原原本本学习和研读经典著作,努力把马克思主义哲学作为自己的看家本领。"学习和欣赏美育作品也是如此。细读欣赏,深思明悟,以文化作品的魅力陶冶人性,丰富精神世界;学习经典,润泽技艺,提升审美素质和思想道德素质。传统作品的传承也是去粗取精、去伪存真的过程。通过对经典的学习,可以凸显人性之美,净化和塑造美好心灵。

（二）注重榜样示范的引领

榜样示范的方法同样可以用于美育。拥有什么样的榜样典型,就能展现出什么样的价值取向,就会起到什么样的示范效果。把握美育典范,最重要的是理解典范所表现出的精神价值和人格特质。向典型学习,最重要的是学习他们的精神品质。古代圣贤、诗人文豪、书画名人、老一辈革命家、身边的楷模人物等等,他们所具备的美好的道德品质值得我们铭记和研究。榜样的力量是无穷的,榜样展示的模范行为和高尚人格感召群众、带动群众。美和价值是分不开的,任何文化都必定具有一定的价值,美育与价值观教育应齐头并进。因此,美育也可以通过积极、正面的典范引领,真正凸显"真善美"的核心要义,让典型人物所具备的美育核心精神深入人心。

(三)注重亲身经历的实践

美育的内涵式滋养,不仅将美的灵魂内化为人们的精神追求,更通过实践外化为人们的行动准则。注重亲身经历的实践就是要让人们通过参与社会实践中的审美活动来提高自己的审美水平和文化修养。实践养成具有他育和自育的双重属性。习近平多次强调美育实践至关重要。一方面,他鼓舞广大美育工作者扎根生活实践创作美育作品,鼓舞人民群众参与美育实践活动提高审美素养,丰富了"以美育人"的实践内涵。另一方面,他也十分重视学校美育实践活动的开展。2020 年发布的《意见》也提出"推进课程教学、社会实践和校园文化建设深度融合,大力开展以美育为主题的跨学科教育教学和课外校外实践活动"。美育重在实践,只有亲自涉足艺术文化,才能感受到美育的内在精髓。弹琴、作画、写诗、唱歌、摄影、观展、影视赏析、文学赏析……学生亲自参与这些美育实践活动,在实践中提高文艺技能,同时也开拓视野格局,提升人文素养和审美修养,构建和谐发展的健康审美心理。

(四)注重网络空间的宣传

新时代的互联网成为传播美育文化、弘扬正能量的重要方式之一。网络美育是一种新型的美育形式,网络宣传也成为美育宣传的手段之一。在线美育是一种无形的教育形式,通过互联网,为人们提供以视觉和听觉享受为基础的美育。网络空间互联互通,是亿万人民的精神家园。互联网美育专注于塑造互联网用户的美育价值观,通过网络平台传播符合社会主义核心价值观的美育文化,弘扬中华优秀传统文化,守护美育新天地,营造洁净健康的网络美育空间。同时,互联网美育也需要正面宣传,培育积极健康、向上向善的美育文化。

网络空间是美育的一种创新载体,要随时注重人文关怀和心理疏导,注重情感的释放。在充斥大量混杂信息的网络空间,美育要把握好根本性的原则和方向,以大众喜闻乐见的方式充实网民的精神世界,增强网民的审美意识,完善网民的审美人格,提高网民的审美能力和创美能力。

(五)注重优秀文化的熏陶

我国文化源远流长,历久弥新,熏陶了一代代中国人,体现出强烈的家国情怀、人文精神和审美情愫。良好的文化是美育的丰富资源,因此,在新时代我们需要立足传统文化,承其精华,摒其糟粕,发扬传统优秀文化的力量,弘扬新时代的美育精神,增强审美教育的亲和力和影响力。习近平强调要"以文化人",足见文化对美育素养的提升起着不可替代的作用。文化能在潜移默化中影响人的性格品质和人文素养。做好美育工作,把优秀传统文化融入美育的全过程,充分发挥优秀传统文化的熏陶和滋养作用,展现美育成效。中华民族几千年的历史有着丰富的美育文化基因。当然,注重中华优秀传统文化并非要闭关自守、排斥异己,而是要合理借鉴、辩证取舍、融会贯通、中西合璧,合理地利用国外高雅的经典文化艺术浸润人们的情感世界,引发情感共鸣,进而启迪智慧,提升精神境界。

中学美育课堂教学的评价策略

中学美育课堂教学评价是多元的,其策略主要有以下几方面。

(一)改进课堂教学评价理念

新课改以来,学校美育课堂教学评价的重心越来越着眼于学生的整体健康发展,即学生在每一节课、每一学年中都学会了哪些基本知识,学习方式是否得当,学了以后能力有无进一步发展,以及对学生今后的学业和生活有无帮助,而这也正是新课标中所提出的"以学评教"。从深化新课改内容中我们可以看出,以教材教学内容和知识点为基本准则的时代已过去,现在是以学生为本,不但重知识传授,而且重教书育人;"以学评教"既从教学内容上充分结合了新课改的基本内涵需要,也反映了新课改的基本思路。全面发展不但要求学生把握基本知识和操作技能,还要强化学习的过程和方式,更要端正情感态度和价值观。唯有将这3个方面作为整体,统一步调,学生才能走向全面发展。教学评价已不再是过去单纯的"文本课程评价",而要逐渐走向"体验课程评价",从过去静态的知识型评价逐渐走向动态的生命型评价,从过去教师和学生之间所依赖的教材、教学计划、教学大纲走向教师和学生的共同感受,从而真正地将人融入课堂。

(二)引入多元课堂教学评价主体

尽管传统的美育教学评价主体存在各自的不足之处,但通过建立不同的评判标准以制约各评价主体的活动,评价变得更加客观真实,更侧重于对学生美术基础知识、能力、情感方面的培育。评价主体虽然看起来比较丰富,但大多仅限于教师自身,没有体现社会群体如美育课程专家和与学生审美鉴赏能力培养有关的家庭成员、其他社会工作者等在教学评估过程中的角色。根据古德莱德教学层次论的概念,美育课程专家所提出的理想教学,只是一种以操作实验为目的的实践,通常并没有进行具体实施,多以思想或观念的方式产生和表述,很少以最初的方式传达给学习者,从而反映出教学人员对课堂与教育的期待。所以,为使课堂教学产生实际价值,在撰写教学方案时必须有相应的教育教学活动和过程辅导的具体内容。美育课程专家必须深入开展教学讲解,以便让学生的学习更为科学与合理。有必要把学生的家庭成员引入课堂评价主体之中。这样既能够给教师带来多个层面的课堂评价经验,又能够使家庭成员和教师一起受到校园美术的陶冶,保持学校美育和家庭美育走向的协调统一。

(三)完善课堂教学评价标准

我国东西部地区教育发展的不均衡,使得教学资源配置非常不均衡,在全国建立一个通用的美育课堂教学评价标准也就十分困难。所以,必须在课程三级管理的基础上建立美育课堂教学评价标准。首先,在全国范围内,由教育部统一建立一个符合我国国情的、具有宏观指导性质的美育课堂教学评价标准,印发给各省、自治区、直辖市的教育行政部门。其次,由各省、自治区、直辖市的教育行政部门参照国家美育课堂教学评价标准的有关规定,再结合本地区的教育特点,指导各学校开展美术校本课程活动课堂教学评价标准的制订。最后,各学校都应根据自身实践,坚持基础导向和特色导向。所谓基础导向,是指各学校的校本课程课堂教学评价标准应保持最基本的审美价值要求,同党和国家的教育方针政策保持一致，以符合当前国家社会发展形势对美育教学的要求。而所谓特点导向则是指各学校的校本课程课堂教学评价标准应符合本校特点，具有针对性和时效性。同时，美育教学目标还应是多维度的，可以根据不同的教学评价目标有所不同。

（四）综合运用多种课堂教学评价方式

当前，中学课堂教学评价方式重终结性评价、轻形成性评价的问题非常突出；美育课堂也不例外，甚至问题格外明显。这主要是由教学评价的功能（甄别与选拔）导致的。早在 2001 年 6 月，《基础教育课程改革纲要（试行）》中就提出了应改变课程评价的功能，要通过评价促进学生发展，协助教师弥补课堂中的不足，而不是过于突出评价的其他功能，只有这样才可以更好地贯彻落实"发展性教育评价"的理念。"发展性教育评价"的深层意思正是要运用研究结论发现教师在授课过程中所凸显的缺点，以及学生课上、课后所出现的问题，并由此来向教师提出合理意见，以便于提高教师的授课质量，同时帮助学生更好地解决问题，让学生迅速提高成绩，从而达到更理想的状态。人们又运用了诊断性评价、形成性评价、终结性评价来说明"发展性教育评价"的理念和目的。为此，我们必须着力落实 2020 年中共中央、国务院《深化新时代教育评价改革总体方案》中提出的"改进结果评价，强化过程评价，探索增值评价，健全综合评价"的原则。

"

聚焦中小学美育课程,锁定核心素养,以立德树人为育人的根本任务,以着力于学生综合审美实践能力、道德思辨能力培养,以艺术人文素养发展为办学目标,弘扬传承中华的美育精神,构建美育课程的育人体系。在学校办学主张的文化背景下,在校本化美育课程体系的建构中不断实践探索,让每个学生在未来都能拥有审美的能力和素养,坚守学生立场,实现以美育人。

"

美育教育新格局

2020 年发布的《意见》突出强调了学校美育活动的特殊重要性,对坚持德智体美劳"五育并举"原则做了全面部署,推动全国中小学校美育实践进入一个崭新阶段。《意见》发布以后,在全国各地均得到了迅速有力的响应。北京、天津、河北等 26 个省、自治区、直辖市出台了相关文件。山东发布了《全面加强和改进新时代学校美育工作重点任务及分工方案》,辽宁省教育厅印发了《辽宁省加强体育美育教师队伍建设三年行动计划(2021—2023 年)》,内蒙古自治区教育厅发布了《内蒙古自治区全面加强和改进新时代学校美育工作行动计划(2021—2025 年)》,等等。2021 年 7 月,中共中央办公厅、国务院办公厅联合印发了《关于进一步减轻义务教育阶段学生作业负担和校外培训负担的意见》,吹响了"双减"的攻坚号角。"双减"工作的深入有效推进,为学校开展美育工作带来了巨大的机遇,使校园美育活动受到了来自全社会的持续关注和支持。2022 年 11 月 26 日,第三届东钱湖教育论坛开幕式上,浙江东钱湖教育研究院院长、华东师范大学教授袁振国发布了由浙江东钱湖教育研究院推出的《中国美育发展研究报告(2020—2022)》(以下简称《研究报告》)。《研究报告》指出了美育推陈出新的一大亮点:建立面向人人的美育有效机制。《意见》也明确要求健全面向人人的学校美育育人机制,缩小城乡差距和校际差距,让所有在校学生都享有接受美育的机会,并提出了"到 2035 年,基本形成全覆盖、多样化、高质量的具有中国特色的现代化学校美育体系"的发展目标。对照"全覆盖"的导向,近年来教育部在全国 31 个省、自治区、直辖市建立了 126 个农村艺术教育实验县,努力缩小城乡之间艺术教育的发展差距。同时,为弘扬中华优秀传统文化和传承非物质文化遗产,教育部在全国中小学创建了 1 885 所中华优秀文化艺术传承学校。随着《意见》的落地,美育队伍不断壮大。2021 年,全国义务教育阶段艺术教师(音乐、美术等课程教师)达到 83.0 万人,相较 10 年前增长 52.3%,近 87% 的学生在中小学已接受了艺术教育。

美育基地的构建促进了学校美育的发展,预示着现代化素质教育新格局的形成,学校原有的美育与实践场地设施都得到了建立和完善。《意见》指出,2021 年普通中小学音乐器材、美术器材设施设备配备达标均应超过 90%,义务教育学校多媒体教室比例应超过 70%,较 10 年前提高至少 30 个百分点。结合各地情况,制订完善的教育项目建设规划,落地相关政策,体现不同地区办学水平、独特的区域人文资源优势及各学校特色,取长补短,资源充分整合,多时空纬度、多渠道地切实保障地方中小学校开展美育工作。各地人民政府也必须结合多种政策,采取措施进一步努力破解落后地区现有各类中小学校专业美育教师资源比较紧缺、设备力量相对落后等突出结构性问题,提升农村薄弱学校现有的基础美育师资、办学设施和现代化水平。2022 年,全国小学各类文体艺术器材安装达标率达到了 95.07%,初中达到了 96.12%,高中达到了 93.26%。

美育与教育一体化改革新格局下的基础教育课程结构学科设置应当重视中西美育学科文化相互融合。随着新一轮中小学课程资源综合建设体系改革的稳步推进,各地学校优秀的课程资源储备日益得以拓展与丰富,教育和课程与教学问题研究总体质量效益持续提升。

在美育与教育一体化的新格局下,我国现代美育教材体系已逐步呈现其多维立体的结构形态。《意见》首次以专项形式对加强美育教材体系建设提出了明确、具体的要求,特别强调美育教材编写要坚持马克思主义指导地位,扎根中国、融通中外,体现国家和民族的基本价值观,格调高雅,凸显中华美育精神,充分体现其思想性、民族性、创新性、实践性。天津、浙江、江西、新疆等地学校充分注重整合并挖掘现有优秀地方、学校传统美育文化品牌资源,将中华民族特色传统文化元素有效融入中小学传统美育教材体系中,充分凸显中华优秀传统文化中传统美育文化的创新精神,逐步形成与地方基础教育中"一校一品"的特色美育文化相协调的校园美育格局。

"互联网+"高校美育人才培养模式如雨后春笋般涌现。立足现代互联网技术,北京、吉林、江西等高校广泛地开展在线美育课程。多地院校在研究探索当前行之有效的创新教学模式机制时,也下了不少的功夫。例如,黑龙江的"感受和体验+基础知识和基本技能+挖掘艺术内涵和提升实践能力"课堂教学模式、浙江教学模式、江苏和内蒙古的"艺术基础知识基本技能+艺术审美体验+艺术专项特长"创新模式,都一直在着力提升学生文化语言理解、审美空间感知、艺术空间表现、创意活动实践运用等核心素养,帮助学生逐渐形成艺术专项特长。重庆学校积极逐步发展完善"学科审美基础+学科技能+学科审美创新""学科审美基础+跨学科思维培养+跨学科创新""学校审美活动课堂美术+班级社团审美体验活动艺术+家庭社区美育活动"等综合多样化的特色美术教学实践方式。

美育推动现代教育事业新格局,艺术专业的艺术实践及教育培训活动的普及性亦在持续有效地稳步提升。全国各地通过大力示范与推广,组织开展面向城乡人人覆盖、惠及学校全体师生的学生合唱、合奏、集体舞、课本剧等艺术工作坊活动,以及艺术进校园、博物馆、非遗产品陈列展示场所等艺术体验性活动;开展大型的学生艺术成果交流、展示与评奖活动;加强各级各类重点大中小学校学生艺术团的平台建设,遴选、表彰与重点推荐更多的艺术类专业院校具有较高水平的学生艺术团骨干队伍参与各大艺术类文化展演或比赛。

打造美育与特色海洋教育发展的新格局,需要将中国海洋特色区域地理优势特点和中华民族传统人文资源优势有机融入海洋主题美育课堂。有些地区充分利用其历史、人文、地理等资源优势和传统海洋人文资源,丰富特色美育课堂。例如,浙江舟山中小学校选择性地把握海洋美育的切入点,结合当地海洋文化元素,对地方教材中的海洋美育内容进行二次系统设计与开发,以海洋地域、自然景观、人文风俗、生产技能和实用劳技、非遗文化传承等多元内容为基本教学素材。

美育水平是在教育质量现代化竞争新格局的推进中,针对中小学美育质量综合水平评价体系,特别突出考虑的一个综合指标。根据《意见》,部分省份结合自身实际,已制订相关实施方案,明确提出推进艺术类科目中考改革,将艺术类科目纳入中考并作为高中阶段学校考试招生录取计分科目。在新时代背景下,艺术类科目进中考是推进教学改革、落实国家政策的重要抓手,是推进"五育并举"、促进学生全面发展的必备要素。

在美育传承与学校教育互动融合的新格局下,众多文学艺术家积极参与并推进学校传统美育课程建设工作。《意见》得到了各地文学艺术界人士的大力宣传与积极响应,众多知名高校艺术教育工作者更是积极主动地投身学校美育发展环境建设。他们积极创造条件,利用多种公共服务平台,协助推进公民美育宣传工作,营造浓郁的美育文化氛围。

各级艺术教育活动深入校园,以美育人。例如,全国各类文艺组织共同举办的"圆梦工程文艺培训志愿服务行动"以及"名家名师话美育"网络公共课,宣传我国各民族文化艺术,内容涉及广泛,涵盖了戏剧、电影、音乐、舞蹈、摄影、书法、美术、曲艺、杂技、电视艺术、文艺评论研究等多个领域。

课程美育成为美育的核心。《意见》提出了进一步突出强化特殊教育学校美育和育人服务的功能,构建面向德、智、体、美、劳人才全面综合培养服务的特殊教育体系。美育是学校教育的新理念,它体现了"课程融美、美课育人"的教育追求。当下,学校美育课程已经得到普遍关注,但课程美育尚未引起足够的重视。我们有必要强调并大力倡导课程美育,因为审美不应只是一种与音乐、美术等艺术课程相关联的专业能力,更应是一种与各门课程相结合的核心素养。学生审美能力的培养不能局限于美育课程,而应依托课程美育。课程美育在重视传统美育课程育人功能的基础上,强调加强其他所有课程的美育功能,并将其有机联结,达到培养学生审美素养的目的。

课程是教师教学和学生学习的美学文本已经成为当代课程论的重要观点之一,也就是说课程具有审美属性。课程理论专家派纳指出,将课程理解为美学文本,要求我们从多元视角审视知识、教学和学习。我们不能脱离课程特别是学校教育系统中的课程群来谈论学生审美素养的培育和发展。当学生和教师借助课程这一美学文本获得丰富的审美经验时,学习和教学也就自然成为一种享受。这样有助于实现"学而不厌,诲人不倦",使教育超越功利性,进入审美境界。

实质上,各门课程均有独特的美学潜质及特征。课程美育与美育课程带给学生的审美经验不完全一样。课程美育与生活联系更紧密,具有更多科学美的元素,其教育视野更加广阔,遍及社会和自然,可以有效唤醒师生的审美意识。美育中的"美"应该是丰富多彩的,这需要统整各门课程;美育中的"育"应该是有效、全面的,这需要各门课程协同合作。每门课程的美育"独唱"固然不可替代,但是课程之间的美育"合唱"更能发挥育人价值。课程美育是课程融合的渠道之一,因美感的相通相连,教师的教研自然会突破学科界限,实现课程经验的共鸣和分享,学生的学习也会悄然发生改变,实现知识能力的迁移和审美素养的发展。

课程美育的实施主要在于与课程关联密切的"美教"和"美学"两个方面。课程美育要求教师具有课程融美能力,即将课程本身之美、教师的课程理解之美和课程的教学之美融为一体,实施融美的课程教学。例如,语文特级示范教师李吉林致力于探索将中学语文课程知识与文学情境知识美相融,通过尝试以真实生活故事展现文学情境、以虚拟实物演示人文情境、以彩色图画生动再现文学情境、以优美音乐渲染人文情境、以艺术表演体会文学情境、以形象语言生动描绘文学情境等方式,将语文课程审美化,彰显了其美育价值,可谓"美教"的典范。课程美育要求学生将课程本身之美和课程的学习之美融合,形成融美的学习,从而收获更多的学习成就和审美享受。例如,学习柳宗元的《江雪》时,学生可想象雪后千山万径的景象,感受"绝"与"灭"的语言韵味,可将自己化身为孤舟之中的蓑笠翁,共情其寒江独钓的坚定信念等。这样,古诗本身的意象美、语言美、韵致美和学生学习的想象美、情感美、体悟美就实现了主客交融、深度共鸣,学习也就真正成为一种饱含审美的精神享受。教师在实施课程美育的过程中,既要善于提升自己"美教"的能力,又要巧于引导学生"美学",并将二者有机结合,使之相得益彰,从而和学生一起进入教学美境。

课程美育的构建要点

美育既是审美情趣教育,又是对精神、心灵方面的教育。聚焦中小学美育系列课程,锁定德育核心素养,以立德树人为根本任务,以着力提高全体学生综合审美实践能力、培养道德思辨能力和发展艺术人文素养为办学目标,弘扬传承中华美育精神,建构美育课程的育人体系,在学校办学主张的文化背景下,在校本化美育课程体系的建构中不断探索实践,让每个学生在未来都能拥有审美的能力和素养,培养创造力,以美育人。

(一)立足以美育人新时代背景,定义课程内涵

例如,一些学校致力于"臻美"的实践探索。"臻美"的意思是"达到完美"。关于美育,学校追求"臻于至善,自然之美"的育人境界。"臻于至善"出自《大学》。任何一件事物的完善从来都不是一蹴而就的。人需要经过不断的探索实践才能逐渐发现宇宙真理,达到前所未有的科学新境界。"自然之美"是一种由内而外的美,它包括原生态的美和人类改造过的自然对象的美。关于生命、自然与美的教育能极大开阔学生的精神胸襟,提升学生的人生境界,帮助学生追求更为美好、高尚的人生意义和生活价值。

(二)系统化建构美育文化,确定哲学指引

美育作为当代学校课程建设的重要发展方向,其核心价值体现在以下方面:一是体现美的教育发展哲学取向;二是体现人文和谐发展的美学教育模式建构方向;三是体现人文全面教育的综合育人功能。以上述学校为例,"臻美"课程在学校平台建设的基础上自主开发,坚持以学生为本,让微课程的理念渗透到了学校教育的每一个角落,根植于教师和学生的心中。在"臻美"文化的纽带作用下,原来零散、单一的尝试就像一颗颗珍珠,串成了一条光彩夺目的项链,以创新的方式推进美育工作。

(三)多维度建构课程体系,丰富实践内容

在建构校本化美育课程体系前,首先要回答以下问题:校本化美育课程体系的内容是什么?为谁设计?怎样实施?上述学校以"国家课程""社团课程""浸润课程"为主要内容,优化学生成长过程,强化其创造力和审美能力,培育其核心素养,让学生发现生活的美好,拥有美好人生。美育课程为学生开发设计,由师生共同架构,聚合学校、社区、家长等资源,构建学校、家庭、社会综合性

协同育人机制。根据学校教师的年龄特点,结合教师的专业特长及兴趣爱好,进行自主开发、实施、管理、评价,教师和学生一起成为课程开发师、建构师、管理师。

（四）根据国家教材不同知识点的融合性,凸显学科育人的高价值

用历史眼光看,美术课程能向人们传达价值、信仰和文化传统的内涵。义务教育美术课程是一种基础美术课程,它明显区别于专业美术课程。美术课程的设计者和授课教师必须面向全体学生,无论学生是否喜欢美术,是否具有学习美术的天赋,都应该成为美术课程设计的对象。学生的艺术活动离不开想象,正是因为有了想象,学生的审美体验才能从表层走向深层。根据美术学科知识要点进行跨学段整合,让知识融会贯通,设计基于国家课程的拓展课程,不断提高学生的审美能力、综合素质,凸显艺术学科的育人价值。

定义未来的最好方式就是创作未来。创造力同样可以通过审美方式体现出来,亦可以利用非审美方式得到锻炼。如果强调用审美方式体现创造力,就会得到很多形式上的美。例如,一幅画的展示可以通过装裱等一系列手段实现,但如果换成用废品制作汽车,对于学生来说就不是用审美方式来体现创造力。这种创造力的重点在于作品的功能,而非美观性。但上述两种情况在本质上有相同之处。《美术》(人民美术出版社出版)四年级下册"快乐的人"一课中,要求学生学会利用铁丝制作表现各种动作的人,掌握探究学习的方法。在表现以"千帆竞发"为主题的帆船造型时,全体学生一起设计,用线描的方式绘制想象中的帆船,每一件作品都展现着个人智慧与想象力,课堂上的每一个人都是思想者。义务教育美术课程比较基础,与专业美术课程存在很大差异。合格的教育工作者应将眼光放在全体学生身上,无论学生是否具备美术天赋,均应公平对待,从点状教学延伸到结构化教学,从室内教室转向室外场地教学,从个人作品展示到全员成果展览,着力提升课堂品质。

（五）社团课程开发自主化

例如,某学校的社团课程设置以"课程超市"的方式来实施,社团成员可以根据自己的个性以及发展需求,在社团相应的课程群组设置中自主选择自己喜欢学的课程,自主开发社团课程。社团课程目标以立德树人为根本,帮助成员

发现通向未来的无限可能。

（六）层次化再建，为课程提升品质

一直以来,中外艺术界很多年轻艺术家在划分审美艺术体验时,都强调以下3个体验层次:第一,耳朵、鼻子、眼睛的初级感官体验层次;第二,心灵上的中级情感体验层次;第三,直觉体验和精神生活上的高级审美体验层次。南朝的宗炳将审美体验划分为如下3个主要层次:应目、会心和畅神。这与上述思想不谋而合。在美育社团建设中,学校应设置多个校级社团和班级社团,以校本课程社团活动中心为基本依托,"一校多品牌";还应孵化多个适合学生未来发展的社团课程,满足全体学生的个性化发展需求。

（七）创造性开发，为课程提升效能

在技巧和材料应用上,教师需根据学生的特殊表现进行选择,只有这样,才能获得学生的认可。对于不能帮助学生表现个人情感的技巧和材料,教师均可以放弃。学生成长的不同时期伴随着不同的艺术认可和选择。例如,造型艺术活动课程强调对自然综合造型材料的创造性开发、使用,目的是让学生将来在艺术设计工作中能比较自如地从自然材料中找到创意,探索大自然的材质美。课程用到的主要材料有石头、木头、铁丝、麻绳、纸,让学生将材料的形态、色彩、质感等艺术要素进行搭配及组合,这就成就了一堂很好的"自然美术"课程。英国教育学家赫伯特·里德认为,美感教育是感觉教育和个人意识以及智慧的融合。学生只有在感受到自身与外界的联系之后,才能建立个人人格,完成艺术实践活动,感知艺术美。学生在树德、增智、强体、育美、促劳的过程中,被注入品格的精气神。

（八）多元化制定评价机制，提供科学保障

美育课程中的教育评价围绕人文核心素养,通过美育聚焦教育课程,关注教师和学生的共同成长,关注培养每一个学生的能力、品格、素养,坚持"个性+共性"多元评价机制,真正为每一个学生提供发展的平台和机会,让每一个学生在多元评价中彰显个性,获得认同感和成就感,找到追求美好的动力。

一要评价角度多元。每一个学生都需要最优化的发展,应根据其在课堂、

社团活动中的表现进行多角度评价。个性评价改变教师对学生的片面评价以及教师"一言堂"的现象,学生成为评价的主体。教师根据每一个学生的作品进行个别沟通,为每一个学生提供最专业的意见,帮助学生找到努力的方向。学生和教师的潜能是无限的,共性评价可以使每一个学生更加清晰地了解自己在团队中的定位,更加有针对性地制定自己的发展规划。评价的关键是让每一个学生实现自我认知,找到学习的乐趣。二要评价形式多元。实现多种形式的评价,要求教师、家长、学生等建立评价队伍,可以自评、互评、师评、展评等。教师对学生进行评价时,除了要关注学生的审美能力发展外,还要考虑学生身心发展情况,培养学生个人兴趣爱好,让学生不断自我发展和自我完善,保证学生在学习中获得更多的成长机会。通过多种形式的评价,让每一个学生都能感受到内在的驱动力,让每一个学生都拥有"带得走"的能力和"留得下"的素养。三要评价结果多元。除了纸质的评价结果之外,照片、视频等过程性成果以及结果性成果都是评价的依据。学校可邀请校外专家团队来校了解美育课程的发展情况,定期给予指导、跟进、评价。教师对学生进行阶段性评价,有助于学生全面发展。

美育课程与优秀文化的融合

习近平多次强调,要坚定文化自信,推动中华优秀传统文化创造性转化、创新性发展。他在纪念马克思诞辰 200 周年大会上讲道:"国家之魂,文以化之,文以铸之。我们要立足中国,面向现代化、面向世界、面向未来,巩固马克思主义在意识形态领域的指导地位,发展社会主义先进文化,加强社会主义精神文明建设,把社会主义核心价值观融入社会发展各方面,推动中华优秀传统文化创造性转化、创新性发展,不断提高人民思想觉悟、道德水平、文明素养,不断铸就中华文化新辉煌。"

学校开展美育工作,首先要努力教会学生尤其是低年级学生去认识美,只有在他们认识到美的基础上,才能培养他们美的礼仪情操、美的修养。美育课程是创新人才培养过程的重要组成部分,综合审美趣味教育、情操品格教育和美好心灵品质教育,同时有助于培养学生的创新思维,能激发学生内在的创造活力。

教育部印发的《完善中华优秀传统文化教育指导纲要》提出,鼓励有条件的高等学校统一开设中华优秀传统文化必修课,拓宽中华优秀传统文化选修课覆盖面。在传统文化视角背景下,坚持将立德树人作为根本任务,扎根中华民族优秀传统文化沃土,构建符合中国学校和学生实际特点的校本课程体系,是有效推进学校美育工作的一大保障。中小学美育基础课程改革要以育人理念为基本中心,弘扬中华优秀传统文化,以全面提高我国青少年进行审美实践的能力;要借鉴与吸取目前国内外实施素质教育的先进经验,调动、协同校内外各方优势力量,共同开展美育系列课程资源的整合开发、师资队伍的专业建设。

以下为某校在融合美育课程与优秀文化工作中取得的经验。

（一）优化基本课程框架和教学内容

美育课程教学依托于学校艺术系专业课程授课教师、校外文化艺术专家团队等专业学科力量,从文化艺术教学模式主体内容框架的重构、学习实践过程兴趣点的激发、学习方式和思维方式的转变3个维度,开发了中华艺术传统和优秀遗产、中华民族传统艺术、历史文化素质教育与环境美育等课程,形成了基于线上与线下课堂、理论探究与实践、校内活动教学环节与校外教学互动有机结合的课程体系。定期提供社会互动性教学资源,增强学生对美育知识的兴趣,进而自觉选择参与本校美育课程。教学内容选择上,紧密围绕中华优秀传统文化,融入校园文化的内涵和各学科的专业特点,让学生领略知识之美、艺术之美、生活之美,理解中华优秀传统文化的内涵和精髓,修身明理,励志笃行。

（二）建设多元互联式的高质量师资队伍

注重营造浓郁的美育氛围,从重点吸引、挖掘、提质、整合资源4个方面入手,培养一批美育学科教师。打破专业界限,并引进大批优秀的文史类和思想美育专业教师,成立专门的教研组,定期教研培训活动。例如,在艺术实践教育课程方面,通过学科名师、行业专家示范引领,优秀校友团队参与,以联合培养等方式全面建设艺术师资队伍,满足学生艺术社团活动、各类课外艺术作品展演、美音服务项目设计及综合实践课程的需要。在活动的具体组织管理环节中,注重培养学生的自我管理、自我规范能力,由优秀的高年级学生指导低年级学生积极完成创作,形成学生自主学习的良好氛围。

（三）构建"四位一体"的培养模式

美育课程的实施应当是与其他学科教学过程相配合或相融合的,以发展学生自主学习能力为中心,充分尊重和发挥学生的主体地位,寓教于乐。部分学校围绕学生的课程、展演、服务、创业这4个环节进行"四位一体"设计,使学生的美育素养得到提升,主动感受自然美、文化美。学校以主题展演等活动提高学生表现民族美、创造现代美的能力,让学生热爱中华优秀传统文化。

（四）开发建设立体化教材资源

为适应学生不同的学习习惯和个性特征,达到教学信息化、网络化,教材和教学资源数字化的要求,部分学校自主编写以中华优秀传统文化为主题的美育教材,开发网络课程资源、多媒体课件资源库等,充分利用多媒体优势,强调教学资源的互动性,激发学生的学习兴趣。

（五）建立可持续发展的教学激励与评价机制

部分学校积极建立和完善课程实施评价考核体系,如教师工作责任考核及评价考核体系、学生质量考核测评及考核标准体系、学生自评体系,为全面推进美育课程改革打下基础。

弘扬中华优秀传统文化是新形势下美育课程改革的一项重要内容。美育特色课程要在活动中着力深化文化内涵。例如,某校将黄梅戏社团民间传统戏剧表演、国家级非物质文化遗产等特色内容融入学校美育课程,为学生提供黄梅戏、花鼓戏、坠子戏等特色戏曲的体验课程。该校还将徽州木雕、徽州剪纸、淮北泥塑、淮南紫金印雕刻等传统内容有机融入美育课程,形成具有地方特色的校本美育课程。在课程中,注重对学生的实践方法进行指导,让学生形成正确的文化观,引导学生在艺术美的探索实践中自觉接受文化熏陶。

美育课程的打造

培养适应社会发展的新型人才,应在教育中填充新鲜的内容,在"教、学、做"合一的基础上增加"研"的元素,注重解决生活中的实际问题,并且发挥美育在育人中的隐性作用,形成"教、学、做、研、育"合一的新型教育方式。

以下是某校在打造美育课程的过程中所取得的经验。

（一）与美相遇——课程开发背景

该校打造了"卓越美育"课程，希望通过实践，让学生德、智、体、美、劳"五育并举"，改变体、美处于弱势的现状。该课程通过实践陶行知生活教育理念，培养学生"真善美"的品质，形成"以美立人、以美达人、以美成人"的美育愿景。

（二）与生活相遇——课程开发路径

1. 与生活相遇，育大写的人

"卓越美育"课程与陶行知生活教育理念完美融合，"从生活中来，到生活中去"，将日常生活审美化，家庭、学校、社会"三位一体"。生活教育理念下的"卓越美育"课程具备多元性、融通性、智慧性的特点。多元性体现为多元的社会文化背景、多元的学科教育领域以及多元的教育教学手段。融通性体现为以美为统整，超越学科边界，以跨界思维推进美育与其他学科的融合。智慧性体现在学校以现代文化活动为重要载体，帮助学生通过实践探索逐渐形成善于发现问题、解决问题的思维方式，掌握适应新社会环境的人文性、应用性技能，践行社会主义核心价值观。

2. 与生活相遇，筑塔式课程

"卓越美育"课程打破学科壁垒，按照"五课四全三人二核一体"的架构，构建"卓越美育"金字塔式课程。"五课"是课堂、课例、课题、课标、课程，"四全"是全员、全时、全科、全域，"三人"是立人、达人、成人，"二核"是生活美育、卓越美育，"一体"是"卓越美育"课程。

3. 与生活相遇，践美育课程

生活教育理念下的"卓越美育"课程开发，从文献美育、课程美育、案例美育、评价美育等方面展开。首先，汇集统整相关文献，梳理生活教育、生活美育的关系，为课程实践研究打下坚实的基础。其次，以"美"为线索，分学科梳理、统整现行教材中的知识点；按照智育、德育、体育、美育、劳育 5 个方面研究代表性作品，整合素材；通过研究以美为主的生活应用，与学生一起设计社区科普展示和服务方案,并进行实践。再次,追踪"卓越美育"课程对学生不同阶段的学习能力的影响,追踪户外研学对学生身心成长的影响,追踪教师在研究过程中的教学能力成长。最后,在多元智能理论的指导下提出"卓越美育"课程的评价方式。

(三)以美育美——课程开发价值

"生活即教育"是陶行知的生活及教育基本理论思想的核心。教育的意义之一是受教育者生活状态的变化。"卓越美育"课程通过人文美育去帮助学生深入了解人类社会、认识他人,从而达到促进自我发展的目的。"卓越美育"课程关注学生的实际,以艺入道,积极引导学生了解当前的社会文化情境,理解中华优秀传统文化。学生在学习、创作活动中形成智慧思维和美的品质。

"卓越美育"课程基于布鲁姆的认知目标分类学说,提供丰富多彩的艺术课程资源、研学活动、社区活动,促进学生通过多种学习方式提高合作、实践、审美、创新等关键能力。在教学中为学生搭建学习的脚手架,促使学生基于个体的元认知进行不断调节和自我提高。

教育的原点发生在生活,教育要回归生活。通过开发系列化的研学路线,为学生创设多样化的真实学习情境,引导学生学会学习,学会解决问题,具备感受生活之美的能力。

学校组织教师编写"卓越美育"系列教材,将课程做深、做实,丰富学校特色课程模块,实现从"一校一品"向"一校多品"的迈进。

(四)向美而行——课程实践历程

课程组认真组织教师学习相关的科研理论知识和课程理论知识,进行交流研讨,提升课题研究的理论水平,并开展生活教育理念下校本课程构建研究等理论学习活动。通过学习、培训、研究、交流等,教师的专业能力、创新能力、科研能力有了大幅提升。

"卓越美育"课程旨在探索各学科教育的艺术美的文化内涵、价值目标与美学功能,尝试从 3 个具体层面进行:一是研究学科课程中的社会生活美育元素,制订本学科课程标准实施的方案;二是探寻学科知识内涵与社会生活美学知识内涵背后隐藏的教育思想方法、逻辑结构体系与美育学科价值理念,重构课程主题单元框架;三是进行课程审美设计中的案例总结研究,掌握教学基本思维方法与设计技能,形成教学新方式。最终形成"以德育美""以智育美""以健育美""以劳育美""以美育美"五大学科美育课程板块。从以美育人理念入手,通过品质化、序列化、整体化的单元主题教学方式,让美扎根在学生的心中。

学校开展了"卓越美育,让劳动自然发生""强国有我,笑赢未来""七彩生活,创美无限""卓越美育,让孩子们不得不爱的美术课""弘扬美育精神,绽放魅力舞台""卓越美育,创意指尖扎染传承非遗文化""经典浸润,以美育人""共读,遇见自己最好的模样""知音识趣,乐动童年"等主题教学活动,既从学科本质属性出发,也强化学科之间的整合融通,发掘传统文化美感元素,从学科内在美、教学形态美等维度,以模块、整合、拼盘的方式组织开展合作学习,全面感受智性学科文化内涵和美学特质,提高课堂效率。

·下篇·

尚美育人

SHANG MEI YU REN

> "
>
> 　　立德树人,美育启智。
>
> 　　美育工作在促进新时代青少年的全面发展、提升审美素养、塑造美好心灵、激发创新活力等方面具有不可替代的重要作用。德、智、体、美、劳"五育并举",同心同力,同频共振,同向同行,是培养新时代学生奋斗精神的必由路径,也是对文化育人的深刻理解与感悟。
>
> "

传统工艺课程设计

——明清家具之材艺美

课程背景

　　我对明清家具从一无所知到深深迷恋,还是源于一次山东省优质课比赛。本着上好一节课的目的,我对明清家具做了粗浅研究,没想到却促成了与它的不解之缘。

　　明清家具是中国家具文化的重要组成部分,具有深厚的艺术底蕴。每每回想起那节课,我仍然眼眶湿润,原本以为是被自己顶着压力最终捧回了山东省美术学科优质课比赛一等奖第一名的坚韧而感动,沉淀下来想一想,却是因为在走近明清家具时被它的魅力深深吸引。

　　接到参赛的任务,我整个人都是蒙的。我对中国家具史可以说是一无所知,但 30 岁那年代表潍坊参加省优质课比赛的经验告诉我,这可是一场实打实的硬仗,来不得半点马虎,硬着头皮也要攻坚。确定好课题后,我二话没说,一头扎进了图书馆。因为只有一个月的准备时间,分分秒秒的努力都会体现在最后的成绩上,所以当下不允许我有任何迟疑。图书馆里关于明清家具的资料少得可怜,我失落的心情中也掺杂着窃喜:失落是因为资料少,不能得到广泛而全面的相关信息;窃喜是因为即使资料多,在这么短的时间内我也无暇顾及。我在图书馆整整待了一天,没吃饭、没喝水,肚子一声也没叫,"老腰"一点也没矫情，抱着该拍的资料全都拍下，拍不下的全部带走的态度，开启了我的材料准备阶段，颇有一种"宁可错杀一千也不能漏网一个"的豪迈。这时我也明白了一个深刻的"道理"：手机的内存大，在关键时刻是能"救命"的。就这样，我抱着一摞书回了家，人生第一次对书籍如此痴迷，真正体会到了"书中自有黄金屋，书中自有颜如玉"这句话的真谛。后来想一想，真的感谢当年快速进入状态的自己，正是有了充盈、全面的材料做铺垫，这节课的主线才得以快速、准确地确立。

设计思路

中国家具史源远流长，最早可追溯到春秋时期，那时的人们席地而坐，一张席子成了中国家具史的开端。到了战国时期，坐具已经不限于一张薄席，而是有了一定的厚度，作用由单纯的解除疲乏向追求舒适的坐姿转变，这也是人们思想转变的一场革命。战国时候，漆器盛行，当时的坐具已经开始由漆器打造。南北朝时期，坐具的发展突飞猛进，已经与现代的高度相仿。到了唐代还出现了与坐具相配套的桌子。成套家具的出现是中国家具史上的一个重要变革。到了宋代，床、橱、柜等家具也已产生，这时的家具以组合形式出现，是中国家具史上的一次真正飞跃。明清家具是中国家具史上的巅峰之作，也是中国传统家具的代表。明代之前的家具基本上都没有完整保存下来，我们不能见到实物，只能从一些绘画作品和文献上寻觅它们的踪迹。唯有明清家具能完好无损地保存到现在，成为中国家具的典范，其原因何在？只有自己理解透彻了，备课才能透彻。在这种想法的驱使下，我继续探究下去。

在阅读了大量资料后，我迅速确立了这节课的主线，那就是从材质（材）、造型（形）、工艺（艺）、文化（韵）4个方面来解读明清家具。明清家具中的每一把椅子都有自己的特色，官帽椅、玫瑰椅、圈椅等造型优美且形态各异，是明清家具的一大亮点。我的脑海中又有了这节课的副线：明清家具中有代表性的椅子。主线、副线的准确把握，使我有了上好这节课的信心。

导入是一节课的大门，好的导入会让人眼前一亮。对这节课的导入部分我可谓"煞费苦心"。课前我利用课件循环播放我国精美传统工艺品图片，如具有代表性的青铜器、漆器、玉器、瓷器、刺绣、砖雕、紫砂壶……一件件精美绝伦的工艺品能迅速把学生带入情境中。我用先秦工艺著作《考工记》中的一句话"天有时,地有气,材有美,工有巧。合此四者,然后可以为良"开始了这节课。我先向学生解释了"工艺"的含义——创造人工制品的手工技艺活动,简单讲就是"制作的技术和艺术",让学生明确这节课是一节关于制作的技术和艺术的课。为了引出这节课的主要内容,我设置了一个游戏,通过对中国家具发展史的概述,让学生猜出这节课的主角——明清家具,既调动了学生的积极性,又让学生掌握了中国家具的发展史。在这里我亮出了本课的第一把椅子——明黄花梨交椅(图1-1),是皇帝出门打猎时方便携带的一个"马扎子"。这把椅子在2010年南京正大拍卖会上,拍出了6 944万的天价。趁学生们目瞪口呆的时候,我把这把椅子与大家上课坐的椅子做了对比:"为什么一个值近7 000万,一个只值200块?"通过对椅子功能的思考,学生们纷纷说出了这把天价椅子的价值所在:有的说皇帝坐过,有的说历史久远,有的说使用的木头好……这时我总结学生们的回答,推出了这节课的主线:从材、形、艺、韵4个方面讲述明清家具。

图1-1　明黄花梨交椅

我对这节课的导入部分特别满意。它虽然有一点长,但信息量大,包含了这节课前期需了解的所有重要内容。另外,导入部分亮出了这节课的主线、副线,让这节课的教学目标一目了然。

接下来的主要内容就是按照材、形、艺、韵4个方面步步推进的。

(一)材

讲材质就要讲木头,讲木头就要讲红木,讲红木就要讲产地,这一部分是本课的重点。郑和下西洋时期，郑和船队满载中国陶器、茶叶、丝绸等，换回外藩的香料、药品。准备返航时，因为担心船体太轻，容易倾覆，所以就地取材，在船底装载当地盛产的较为沉重的硬木作为"压舱木"。郑和船队带回来的"压舱木"由于密度高、材质硬，逐渐成为人们制作家具的首选木材。为了活跃课堂气氛，我把这段内容做成了一个动画短片，一下子使课堂"高大上"了许多。

明清家具使用的硬木主要是海南黄花梨、印度小叶紫檀和老挝大红酸枝（图1-2）。这些木材气干密度高，质地特别坚硬。"用于制作中国传统家具的硬木也被统称为红木或细木，而软木则相应地被称为杂木、白木或柴木。白木是对应红木的称谓，柴木则是对应细木的称谓，略带贬义色彩，指它们不太值钱，可以当柴火烧。虽然历史上某些地区就曾经有过将用于传统家具制作的深色硬木称为红木的现象，但真正普遍以红木概称硬木，则是在2000年红木国家标准颁布之后。其实，硬木是植物学的称谓，而红木则是历史文化的称谓，目前两者经常混用，很多概念也就常常欲理还乱，枝蔓不清。"[1]红木作为珍贵木材，价格昂贵，不仅仅由于木材本身的质地，更重要的原因是它的出材率很低。就拿紫檀木来说，生长周期非常缓慢，有"千年不能成材"之说，还有一种"十檀九空"的说法，檀木在生长时大部分是空心的，生长成可以使用的实心木很难，这样就使得它的出材率特别低。再加上近几百年来的过度开采，所有这些因素都导致红木的价格高昂。

图1-2　海南黄花梨（左）、印度小叶紫檀（中）、老挝大红酸枝（右）

---

[1] 海岩．姚黄魏紫俱零凋：红木家具古今谈［M］．南京：江苏文艺出版社，2014.

这部分内容若只凭空干巴巴地讲,学生没有亲身体验,是难以想象红木材质的。为了让学生近距离感受红木,我准备了两块相同体量的木料,一块是红酸枝,一块是再普通不过的梧桐木,让几名学生亲手试试两块木料的手感。两块木料在重量、手感、花纹上差别巨大,通过几名学生的描述,大家立刻对红木有了直观的认识。红木由于气干密度高,所以特别重;红木由于天然油性大,时间久了会自然包浆,所以摸起来就像玉石一样温润;红木还有自然的颜色和多变的花纹,这是任何木料都不能与之相提并论的。有了对红木材质的认识,学生们的学习也开始渐入佳境。

(二)形

红木价格再高,充其量也就是一块木头,是没有艺术价值的,但一旦经过工匠们的精心雕琢、打磨,它或许就能价值连城。我国古代的能工巧匠们,在没有任何先进工具的条件下,制作一件家具需要几年甚至几十年的时间,但就凭一双双巧手,向我们展现了一个精美的工艺世界。对于红木家具而言,材质的确是决定价格的重要因素,但不是唯一因素,造型和工艺也是重要因素。从材质顺利转接到造型后,我出具了一组精美的明清家具图片,最后定格在一把官帽椅(图1-3)上,这是我亮出的第二把椅子。

图1-3 官帽椅

造型这一部分是本课的一个次重点,通过讲官帽椅的造型,让学生了解明清家具的造型美学。官帽椅是因为搭脑的两头微微翘起,形状像乌纱帽而得名。又由于它的搭脑和扶手都探出一块,所以这种造型的官帽椅也称"四出头"官帽椅,意在出人头地。官帽椅左右两边对称,靠背板采用了"S"形,符合人体工程学原理,坐上去不但舒服,而且会不由自主地挺直腰板,彰显出一种威严的气质;座面把椅子分成上、下两部分,座面正好位于椅子的黄金分割点。各种形式美法则融合在这一把椅子里,我们在欣赏它的时候往往忽略了它的实用性,而把它当成了一件艺术品。因此,不得不说,造型优美、考究是它价格不菲的原因,也是明清家具制作技术的精良所在。

(三)艺

这一部分知识含金量较少,因此只作为本课的非重点。这里我设计了一个探究小活动。为了让学生对明清家具有更充分、直观的认识,我从网上购买了很多明清家具的模型,有官帽椅、圈椅、玫瑰椅、架子床、塌、屏风、食盒、花几等等。学生们大都是第一次近距离接触明清家具,这一环节也掀起了本课的一个小高潮。学生们在观察和讨论中,认识了明清家具的常用装饰手法,如雕刻(家具中最常用的一种装饰手法,往往雕刻一些代表吉祥如意的纹样来表达人们的情感)、镶嵌(把不同材质的物品嵌入家具中,起到装饰的作用)、铜饰(既美观又实用的一种装饰手法,是清代家具中常用的手法)。

讲到这里,我想让学生了解明清家具中所用的图案及这些图案的寓意。中国传统装饰纹样是古代劳动人民智慧的结晶。它构图精美且有神韵,不仅是中国古代装饰艺术的精髓,而且是现代艺术设计取之不尽、用之不竭的艺术资源。中国传统装饰纹样常常含有一定的寓意,寄托人们对生活的热爱和对美好事物的追求。中国传统装饰纹样不仅具有丰富的文化内涵,也具有强烈的艺术表现力,它的表达巧妙而又含蓄,借助多种表现手法,反映出中华民族独特的装饰审美情趣。[1]

在工艺部分一定要给学生讲榫卯。榫卯是中国传统的工艺手法,是中国木

---

[1] 钟擎国. 浅谈中国古代传统装饰纹样的寓意[J]. 山东工艺美术学院学报,2009(5):69-70.

作工艺的精髓,更是中国古典家具的灵魂。为比赛做准备时,还发生了一段曲折的故事。常态课时,我总是尽量通过大量视频或图片来让学生全方面了解榫卯结构,当然有实物是最好不过的了。实物没找到,我就去单位附近的木材铺子找师傅做了一个最简单的榫头插件。青岛市美术教研员魏世建老师看后感觉这个插件难登大雅之堂,我只好在去比赛的路上抱着试试看的态度向周围朋友"呼救"。无独有偶,爱人的同学来家里做客,恰恰他又是某家私城副总经理。就这样,在比赛当天,一件精致的"桌子腿"经青岛68中的单珊老师"十万火急"地带到了我的手中。这是一件由4个插件组成的典型榫卯。在比赛现场的课堂上,我拿起这件"桌子腿",一边做穿插演示一边说:"今天我给同学们带来了一个简单的榫卯,突出的叫榫,凹进去的叫卯,两者相互穿插,使家具的各部分紧密地联系在一起。它巧妙的构思,使整个家具不用一枚钉子,无论使用多少代都坚如磐石。我手中的只是一个模具,其实它的结构非常复杂,而真正打造一件家具需要几十种甚至上百种榫卯结构。"说这段话的时候,我内心充满对朋友相助的感激以及对中国传统工艺博大精深的敬佩之情。小小的工艺,外表看似简单,却把玄妙之处都隐藏其中,这其实也正彰显了我们中国人低调内敛的做人原则。

(四)韵

通过榫卯的工艺和文化可以看出,明清家具不仅仅工艺精湛,更是文化的一种体现。一节美术课的厚度取决于这节课的美术素养及文化内涵。我感到这节课与文化的距离就像一条鸿沟,自己在这条"沟"里待了很久都上不来。我夜以继日地查资料,一点点去领悟,随着努力和积累,直到有一天豁然开朗。明代社会流行"雅"的审美风尚,当时文人推崇"雅",达官贵人附庸"雅",而明代文人和画家又热衷于参与家具的设计,因此工匠们也自然迎合这种"雅"。这种"雅"体现在家具上即是造型简练、装饰朴素、毫无矫揉造作之感。所以,我就用明代家具作为代表来分析,解析出了鉴赏和思想两个文化层面。我拿明代家具和八大山人的画做比较,得出明代家具"笔致简洁,有静穆之趣,得疏旷之韵";我用明代家具和中国书法做比较,得出明代家具"以简驭繁,多线条之趣,具灵动之美"(图1-4);我还拿明代家具与中国传统绘画中的构图相比较,得出明代家具"繁缛处密不透风,简约处疏可走马"。

图1-4 课件中明代家具与八大山人画作和中国书法的比较

　　明代家具的文化韵味不仅体现在欣赏的层面,还体现在它包含着许多中国古典哲学思想。这时我亮出了第三把椅子——圈椅(图1-5)。道家学派创始人老子提出万物要"返璞归真",而圈椅追求木材自然的色彩和纹理,绝不刻意装点修饰,美在自然,正与老子之说相吻合;儒家思想的"内省"和"中庸"是中国传统的处世哲学,这把圈椅对称式的整体构架、外扩内敛式的椅圈和扶手以及天圆地方的整体造型,正是中国哲学思想的物化表现;明代东林学派倡导"经世致用"的实学思想,这种追求科学的精神,造就了明代家具经久耐用的榫卯结构及重简轻繁的文化特征。明代家具是中国家具史上的巅峰之作,已达到"多一分则太多,少一分则太少"的绝妙境界。

图1-5 圈椅

每每讲到这里,我的眼眶总是湿湿的。

明代家具和清代家具风格迥异,用宋人"轻颦浅笑各有态,淡妆浓抹俱相宜"这句诗来形容明代家具和清代家具再合适不过了,两者各自散发着迷人的魅力。讲到这里,我通过展示明清椅子的图片(图1-6),让学生加深了对明清家具特点的了解。明代家具造型简练、风格典雅,可谓"书卷气"浓厚;而清代家具用材厚重、繁缛富丽,明显带有"富贵风"。

图1-6　明代椅子(左)与清代椅子(右)

明代家具的艺术风格一直延续到了清代初期。康熙朝时家具风格就发生了很大的变化,转变为用材厚重、装饰华丽。这种风格变化是因为康熙、雍正、乾隆三朝盛世,国力强盛,各个地区手工业都空前繁荣,再加上受到西洋文化的影响,形成了以皇室宫廷的京作、岭南风格的广作和诗意江南的苏作为代表的三大流派。京作多为宫廷所用,庄重富丽,注重木材的质地和纹理;广作用料粗硕,装饰烦琐,融合了西洋家具的风格和特点;苏作线条流畅,用料合理,精巧秀丽,令人叹服(图1-7)。

图1-7　京作(左)、广作(中)和苏作(右)

最后一个环节是实践探究环节。这节课已接近尾声,所有教学任务都已经完成,这一刻我和学生们的感觉都是轻松的。我把学生们分成4个组:"床榻组""橱柜组""屏风组""几凳组"。按照不同组别,我给他们准备了许多明清小型家具模型。为了体现新课堂理念,我为每个组配备了一台平板电脑——这在现在看来是稀松平常的事,但在当时确实是课堂的一项创新举措。记得当时山东省美术教研员肖刚老师直接从评委席走到了学生中间,现场查看学生活动效果。学生们也被这种新型课堂模式所感染,迅速进入了探究状态,以至于在后面的探讨、思考、回答环节中,都有超出预期的精彩表现。

● 课时教案

课题:规矩方圆——明清家具之材艺美

课时:1课时

课型:综合探索

▶ **教材分析**:本节课选自《美术鉴赏》(山东美术出版社出版)"工艺"版块的第三课:规矩方圆——木工。本教材共分8个版块,分别介绍金工、木工、竹艺等8个主要工艺门类的含义和制作方法。本教材中的任何一个版块都要有一个从认识到实践的过程。本节课就是以对木工艺术的认识为起点,从"小木作"知识点,引出对中国古典家具的赏析。

▶ **教学目标**:

(1)通过鉴赏中国古典家具中的明清家具,了解其"材""形""艺""韵"的特点。特别是"韵",其在明清家具中一直是灵魂所在。深化学生对中国文化"博大精深"的认识。

(2)通过鉴赏、讲解、探究等方法,加深学生对明清家具欣赏层面的认识和了解,以及对渗透其中的中国古典哲学思想的感悟。

(3)通过分析明清家具中渗透出的审美理想和哲学思想,培养学生欣赏工艺美术品的能力,提高学生的艺术修养。

▶ **教学重点**:掌握从多个角度鉴赏明清家具的方法。

▶ **教学难点**:明清家具的韵味所体现出来的中国古典哲学思想。

▶ **教法学法**：讲授法、讨论法、对比法等。

▶ **教学准备**：课件、小型家具模型、平板电脑等。

▶ **教学过程**：

【组织教学】

播放中国精美传统工艺品的图片，让学生快速调整情绪，进入情境。

【导入新课】

通过让学生欣赏中国精美传统工艺品的图片及了解"工艺"的定义，引出本节课的主题：规矩方圆——明清家具之材艺美。

【讲授新课】

通过鉴赏和对比，引出明清家具"材""形""艺""韵"4 个方面的特点。

（1）让学生通过对比不同木料，了解红木的优良材质。

（2）通过分析明清家具中的形式美法则，让学生了解其造型精美的原因。

（3）通过小组合作探究明清家具的装饰手法及榫卯工艺，让学生了解明清家具的巧妙工艺。

（4）通过对比明清家具，让学生了解明代家具的空灵简约和清代家具的繁缛富丽及各自的发展背景。

【合作探究】

结合本节课所学，完成各小组的任务，时间为 10 分钟，然后每组推举一名学生到讲台上展示探究成果。

【课堂小结】

阐述明清家具从鼎盛到衰败的过程，讲述中国家具现代发展状况，梳理中国家具的发展脉络。

【知识拓展】

利用假期到上海博物馆和马未都创办的北京观复博物馆实地体验。

网络查询：

（1）明清家具发展的阶段及艺术特点。

（2）明清家具的款式及风格。

（3）明清家具的收藏。

【组织下课】

课后感悟

这节课留给我的感悟实在是太多了。

接到参加省优质课比赛的任务时我压力巨大,有来自潍坊和青岛两地的压力。我在青州工作了十多年,和潍坊的同行都很熟悉,万一在赛场上成绩平平,想想都感觉"无颜见江东父老"。而且,历年的省优质课比赛,青岛和济南的参赛者获得一等奖已成为"惯例",这一次我是代表青岛参赛,我怕自己会打破这个"惯例",以后没有脸面在圈里"混"下去。总之,我一是不能给青岛丢脸,二是不能让潍坊笑话。要么背水一战,要么临阵脱逃。现在回想起来,真的要感谢当时坚强的自己,有了当初的坚持,才有了后来的成绩。想要感谢的人很多:感谢青岛市美术教研员魏世建老师的信任和准确选题,以及对这节课整体思路的指导和把握;感谢市南区美术教研员臧旭东老师的幕后帮助,特别是在后期技术上给予的莫大支持;感谢崂山区美术教研员巩秀香老师、青岛68中单珊老师、青岛39中赵康虎老师、青岛二中屠晓蓓老师、青岛六中卢军老师给我的"智慧锦囊",他们提供了很多好的思路;感谢青岛六中陈强老师的 Flash 动画制作;感谢青岛65中项怡老师的课件制作……感谢的人太多,都在心里。

接到获得省优质课比赛一等奖第一名的通知(图1-8)后,我反而特别清醒,总结了好多不算经验的"经验",愿在这里与年轻人共勉。

(1)准备一节课,先要把这节课的主线捋顺。所有教学任务都按照这条主线走,你会发现一切都会变得简单。

(2)课前的准备越充分越好。搜集的材料越多,你的思路也会越开阔。备课一定是做"减法",在众多材料中果断舍弃本课主线以外的材料。千万不能需要什么材料就临时搜什么材料,那样只会陷入被动且思路狭隘。

(3)比赛时的"先进技术"是博人眼球的亮点。此外,课件制作技术好也会成为加分项。

(4)在一节课中,一定要或多或少地挖掘讲授内容中的文化内涵和知识深度,这样才会让这节课更有厚度。

(5)讲课时的语言字字斟酌,首先要打动自己,因为只有打动了自己才有可能打动别人。

图 1-8　山东省高中美术学科优质课一等奖证书

"

当美术课遇上了心理课——学科融合，带给学生的是惊喜，是滋养，更是治愈。通过美育课程独特的表达方式，将心理健康教育渗透到学生的内心深处，在提升学生美育素养与心理表达能力的同时，也进一步提升学生的核心素养与幸福生活的能力。让美育与心理相融合，唤醒身心自愈的能力。

"

学科融合课程设计
——曼陀罗心理绘画

课程背景

    不知道从什么时候起，越来越多有"问题"的孩子出现在课堂上。他们要么神情呆滞，眼睛毫无生动的光彩；要么沉默不语，很难与老师、同学正常沟通。我和担任班主任的同事们聊天时，越来越多的话题也都放在了有"问题"的孩子身上。直到目睹了儿子的同学发病时的可怕症状，我才敢相信，自己身边有严重心理问题的学生越来越多。我知道问题出在压力上。孩子们的压力太大了，这些压力有的来自周围环境，有的来自父母，有的甚至来自他们自己。在感慨、可怜这些孩子的同时，我立刻想到或许能利用课堂、利用绘画的形式来缓解孩子们的压力。我忽然想起有一段时间，好多学生拿着一本涂色书给我看，当时只觉得那本书太"小儿科"，没有太在意。隐约记得那本书与解压有关，我赶紧凭借模糊的印象上网搜索。功夫不负有心人，《秘密花园》这本书终于被我找到了，我赶紧下单。就在这本书向我"奔来"时，我对它做了彻底的"调查"。这是一本被宣传为"减压神器"的涂色书，作者是苏格兰一位名叫乔汉娜·贝斯福的插画师。这本书在亚马逊"优选100"的榜单上待了192天，当时在国内京东平台上一天就能卖出2.5万册。一本涂色书究竟有什么魔力，能吸引这么多人争相购买？这种涂色书真的能够解压吗？我想趁机一查究竟。

这本涂色书中的图案大多为花草、枝叶、虫鸟、城堡等。翻阅全书后，我发现这本书的图案大多数为圆形，且有一个共同的特点，那就是都有一个中心。这个中心并不是严格意义上的中心点，它可以是一个点，也可以是一只小动物，也可以是一幢房子。这个中心也不一定在中间位置，它也可以在图案的任何一个地方。但无一例外，这个中心之外的图案都对这个中心形成了环绕。这种环绕可以是散射状，可以是旋转状，也可以是包围状，但环绕的形式十分明显。这种形式不就是曼陀罗吗？其实在这时，一个关于心理绘画课的框架已经在我的脑海中构筑起来。

设计思路

曼陀罗心理绘画最早是由瑞士心理学家荣格发明的，是目前国外表达性艺术疗法的主要形式之一。荣格认为，曼陀罗心理绘画具有整合分裂心理、促进心理和谐与人格完整的功能。他发现曼陀罗心理绘画具有暗示个体潜能和独特性的力量。经由荣格的大力提倡，曼陀罗心理绘画成为一种心理治疗技术。这一发现并不是荣格的凭空想象，而与他的一段亲身经历有关。

荣格1907年开始与弗洛伊德合作，发展和推广弗洛伊德的精神分析学说。对于荣格而言，弗洛伊德是他所遇见的最重要的人。经过几年的交往，随着荣格自身对心理研究的不断深入，他发现两人在心理研究方面的差异日益加剧，除了对有些观点的看法不同之外，弗洛伊德父亲式的权威让荣格难以忍受。1912年，荣格出版了《无意识心理学研究》，标志着他与弗洛伊德的彻底决裂。当时的荣格自述"犹如走入了一条死胡同"，同事和朋友们背弃了他，他的学说也遭到了严厉批评。他个人也在精神方面出现了很大问题。1914年，他辞掉职位，开始专心探讨自己的潜意识，以治疗自己精神方面的疾病。在尝试了多种治疗方法之后，他在绘画上找到了治疗的灵感。每天一幅绘画作品，让荣格的不良情绪得到了有效控制。多年以后，荣格在整理他这一时期的画作时发现，虽然他的作品在题材上各有不同，但在形式上却有着惊人的相似，那就是都有一个中心，且周围事物对这一中心形成了环绕。这种绘画形式让他想到了曼陀罗。众所周知，曼陀罗的花形(图2-1)与其他花相比确实有着不同之处。这种以花心为中心旋转生长的形式和荣格的绘画形式惊人相似,因此,荣格把他的那些与曼陀罗生长特点相似的绘画称为曼陀罗心理绘画。我总觉得曼陀罗这类植物自身就带有一种神秘感,可能是由于曼陀罗的植株有微毒,不能像其他花草一样近距离把玩,也或许由于曼陀罗会在很多神秘领域出现,比如小时候我们听到的"天女散花"的故事,"天女"散的就是曼陀罗。

图 2-1　曼陀罗

荣格只是命名了有中心且形成环绕的绘画形式,却不是第一个发现这种形式的人。我查阅大量资料发现,其实这种形式在人类早期创作中就已经存在了。原始社会时期贺兰山上的太阳神像,就明显带有曼陀罗的特点;中国道教的八卦图,北京的天坛、地坛等建筑都有曼陀罗的显著特征(图 2-2);欧洲古典时期的基督教绘画作品,大多带有这种特点。

图 2-2　体现曼陀罗特征的作品

说到这种特点,我的脑海中忽然浮现出前一段时间在网上盛行的"万花筒"绘画(图 2-3),在简单工具的辅助下,徒手就能画出复杂且对称的图案。我又发现,这种绘画形式源自佛教徒在修行时,为了能使自己快速安静而画的一种禅绕画,因为像极了一种叫万花筒的光学玩具而得名。这种玩具利用平面镜的成像原理,通过光的反射而产生影像,人往筒眼里看的时候会看见一朵五彩斑斓且极工整的花。随着圆筒的不断转动,看到的图案也会不断变化。"万花筒"绘画就是典型的曼陀罗心理绘画。

图 2-3 "万花筒"绘画

　　讲到这里,相信我的学生们肯定会跃跃欲试,想大显身手了。但为了让这节课听起来不是一节心理课,我们还应该考虑加入美术知识元素。一节好课,一定要有知识厚度,特别是美术课,我们一定要把相关美术知识告诉学生们,这样才能把美术素养慢慢渗透给他们。这一部分涉及的美术知识其实很多,像色彩的搭配、形式美法则、图案构成等等都可以讲出来。有了这些知识加持,这节课就是一节有意思的美术课了。

课时教案

　　课题:曼陀罗心理绘画
　　课时:1 课时
　　课型:综合探索

　　▶ 教材分析:本节课出自美术校本教材《中国传统纹样》第十三课。这节课在本教材中较为独立,是仅有的一节与心理绘画有关的课。本节课旨在通过曼陀罗心理绘画这种方式,让学生在绘画中找到掌控自己情绪的关键点,从而真正体现心理绘画的治愈功能。

　　▶ 学情分析:本教材面向的是高一、高二的学生,他们正处于青春期,情绪不稳定且自己不能掌控情绪是这个时期的典型特征。情绪管理不当会出现众多问题,不但会影响他们的身体健康和学习,甚至会影响他们世界观、价值观的形成。因此,学会管理情绪是这个阶段学生的重要学习内容。

▶ **教学目标**:

(1)了解曼陀罗心理绘画的特点和表现形式。

(2)了解适合纹样的 4 种骨架形式。

(3)能够独立完成一幅曼陀罗心理绘画作品。

(4)能够感受到曼陀罗心理绘画起到的平缓情绪作用。

▶ **教学重点**:曼陀罗心理绘画的特点和表现形式。

▶ **教学难点**:独立完成一幅曼陀罗心理绘画作品。

▶ **教法学法**:讲授法、展示法、对比法、演示法等。

▶ **教学准备**:课件、纸张、勾线笔、彩铅。

▶ **教学过程**:

【组织教学】

提前了解学生线上学习的情绪如何,可以有的放矢地开展教学。

【导入新课】

采用情境式导入法,利用《秘密花园》这本书导入新课。学生大多对这本书很感兴趣,所以这样的导入会让学生快速融入课堂。

【讲授新课】

师:展示《秘密花园》书中的图案形式,让学生找出其共同特点。

生:(分小组讨论后得出结论)这些作品的共同特点是都有一个中心,且周围图案对这一中心形成环绕。

师:介绍这种形式作品的名称——曼陀罗心理绘画,并介绍它的发明者荣格。

师:欣赏曼陀罗,讲述它的"神秘"。一是植株有毒性,不能家庭种植;二是它在宗教故事中经常出现,"天女散花"传说中"天女"散的花就是曼陀罗。让学生产生兴趣,并引导学生说出其生长特点。

生:(欣赏图片并回答)以花心为中心,花瓣的形式呈现旋转式环绕。

师:这种形式不是荣格最早发现的。在人类早期创作中,这种形式就已经存在。以贺兰山上的太阳神像、中国道教的八卦图、中国传统建筑天坛和地坛、基督教绘画为例,介绍曼陀罗这种形式在其他领域的呈现。提问:为什么曼陀罗形式通常出现在图腾、宗教、祭祀等与心理有关的领域里?

生:因为曼陀罗这种结构形式,能让人产生自信,能让人的内心得到满足和平静。

师:让学生看几幅曼陀罗心理绘画作品,感受这种内心的平静。

师:介绍佛教中的禅绕画,播放"万花筒"绘画视频。

师:介绍适合纹样的 4 种骨架——向心式、离心式、旋转式、综合式。

师:布置课堂练习。

题目:《种子》。

创作要求:① 画出根据题目所能够想到的一切;② 绘画形式必须带有曼陀罗心理绘画的基本特征;③ 单线勾勒,色彩上色;④ 不要求"像",但一定要精细,采用满画法。

生:分组绘制。

师:依据学生作品讲解并展示。

【课堂小结】

学会自我减压的方式,赶走焦虑,找到内心的安宁。

【作业布置】

(1)完成课堂练习。

(2)有兴趣的学生课下可以继续尝试。

【组织下课】

❀ 课后感悟

这次创作,学生们完成得出乎意料地好(图 2-4)。或许每个人都有心理压力,都想试一试这种绘画的减压效果。后来我把学生们的曼陀罗心理绘画作品拿给教心理学的同事看,他们通过专业分析,看出了好多学生或多或少有心理问题,为学生们的前期心理干预和后期心理辅导起到了一定的作用。我觉得一节美术课不一定非要教给学生们多少美术知识和技能,若能给学生们带来快乐和内心的充盈,也是成功的。

图 2-4 学生曼陀罗心理绘画作品

中华优秀传统文化源远流长。不同特质的地域文化各具特色,传承和发扬着一个地区的优秀文化传统。美育课程要充分挖掘地域文化中的优秀因子,积极开发利用地域文化资源,提升全环境育人成效,促进学生核心素养的全面提升。

文化传承课程设计

——创意瓦当

课程背景

　　教育部 2014 年印发了《完善中华优秀传统文化教育指导纲要》,2021 年又印发了《中华优秀传统文化进中小学课程教材指南》,进一步强调了优秀传统文化教育是学校教育的重要组成部分。坚定文化自信,加强中华优秀传统文化教育,加强对中华优秀传统思维方式、价值取向、伦理观念与理想人格的传播与教育,是每一位教育工作者的责任,更是每一位美育工作者必须肩负的使命。

　　我一直关注对学生进行中华优秀传统文化教育,2017 年至今结题或立项的 4 项课题均涉及传统文化相关课程的建设与研发。此外我发现,尽管青岛的国际地位不断提升,青岛展示在世人面前的是一座充满现代气息的时尚都市形象,但很多外地人却有"青岛是一个经济发展迅速的文化沙漠""殖民文化造就了现代化的青岛"等说法。青岛当地人,尤其是青少年学生也是以青岛的现代文明为自豪,鲜有提及青岛的历史发展及地域文化。

　　青岛的地域文化丰厚,更是有着丰富的传统非遗文化。截至 2023 年年初,青岛已申请的市级及以上非遗项目就有 297 项,其中,国家级非遗项目有 16 项。其中不乏闻名全国的崂山民间故事、徐福传说等,但更多的项目一直默默无闻,崂山道教音乐、茂腔、螳螂拳等众多国家级非遗项目鲜为人知。这些带有青岛特色的优秀传统文化值得每一名青岛籍学生去了解、去铭记、去传承。

不知道从何时起，朋友圈里出现了一个青岛的新坐标及"打卡地"——位于大学路和鱼山路交汇处的青岛艺术博物馆的外墙（图3-1）。一到旅游季节，在这里拍照的人就络绎不绝。不仅仅是外墙颜色艳丽，游客喜欢在这里拍照的原因更重要的是在青岛这座国际化都市里，有这么一道中国传统建筑风格的墙壁实属难得。所以，这道墙就会格外引人注意。

图3-1　青岛艺术博物馆外墙

这道"网红墙"内侧原为红万字会青岛分会。这幢老建筑建于1934—1940年，1949年后为青岛市博物馆和青岛市图书馆，后改为青岛市美术馆，2018年重新装修，成为青岛艺术博物馆。该建筑群属于青岛历史优秀建筑，它以三进布局，将罗马柱廊式、中国宫殿式、阿拉伯式3种不同风格的建筑汇集。它在中国传统建筑特有的黄瓦红墙的包围中，尽显历史的积淀和文化的厚度，是具有青岛特色的观光地。

无独有偶，我位于鱼山路的家就在这道红墙的对面。我每天从这道红墙下走过，时常会和墙头上的瓦当打个照面。每每这时，我就特别想把瓦当的"故事"讲述给学生们。

设计思路

瓦当,是指古代中国建筑中覆盖建筑檐头筒瓦前端的遮挡,即屋檐最前端的一片瓦。瓦当是中国传统建筑中用以装饰美化和庇护建筑物檐头的建筑附件。瓦当上刻有文字、图案,其图案设计优美,字体行云流水,故被称为"屋檐上的艺术",是中国特有的文化艺术遗产。

我最早关注瓦当,其实源于"秦砖汉瓦"这个词。瓦当的起源可以追溯到西周时期。周代人们发明了瓦,西周中晚期的建筑已经使用瓦当。战国时期的瓦当是半圆形的,称半规瓦;春秋晚期,瓦当形成了比较完善的模式,并成为一些大型建筑的重要构件。早期的瓦当多为半圆形,主要纹饰为兽面纹,后来逐渐向卷云纹等其他纹饰发展。秦代的瓦当由半圆形发展为圆形,汉代流行用圆瓦当。汉代是瓦当发展的鼎盛时期,著名的宫室建筑大多有烧制砖瓦的陶窑,进行砖瓦的专门设计和生产。汉代瓦当图案的题材多种多样,基本以祥瑞纹样为主,有动物纹、卷云纹和文字纹等。

瓦当的造型千姿百态,它不但是绘画和雕刻相结合的中国艺术,也是实用性与美学相结合的产物,在古建筑上起着锦上添花的作用。瓦当不仅给人以美的艺术享受,也是考古学年代判断的重要实物依据。此外,瓦当还是中国书法、篆刻、绘画等方面的宝贵资料,对研究中国古代各个时期的政治、经济、文化等具有一定的参考价值。瓦当不仅有很高的艺术价值,还有很高的学术价值,它的图案、文字有助于人们了解古人的历史渊源、习俗好尚,并对古代历史地理、思想意识的研究有相当高的参考价值。

课时教案

课题:创意瓦当

课时:1课时

课型:综合探索

▶ **教材分析**:本节课是教材的第二章第四课,也是教材中唯一与中国传统建筑相关的一课。第一章主要讲述了中国传统纹样的起源,而第二章是对中国传统工艺进行分类后的详细分析。这一节主要分析的是秦汉瓦当。秦汉瓦当纹样在中国传统纹样中属于比较特殊的门类,但是它自成体系、风格独特、涉猎范围较广,在中国传统纹样中有着别样的魅力。

🔾 **学情分析**:高一的学生或多或少地接触过中国传统纹样,但对于它的呈现方式、特点、所传达的情感等没有进行深入的了解。本节课就是从学生的视角,去分析瓦当纹样的类型、特点及表现,从而近距离体味中国传统建筑的魅力。

🔾 **教学目标**:

(1)了解瓦当的用途和大概的发展历史。

(2)了解瓦当各种类型的纹样及主要特点。

(3)能够从瓦当中体会到中国传统建筑的魅力所在。

(4)通过瓦当纹样鉴赏,形成独特的观察力和审美力。

(5)能够对瓦当纹样进行再创意。

🔾 **教学重点**:瓦当各种类型的纹样及主要特点。

🔾 **教学难点**:瓦当纹样的再创意。

🔾 **教法学法**:讲述法、对比法、探究法、讨论法、展示法、实践法等。

🔾 **教学准备**:课件、相关图片、短视频。

🔾 **教学过程**:

【导入新课】

大家知不知道在青岛市南区有一道"网红墙",成为青岛旅游的"打卡地"?(出示图片。)它就是位于大学路和鱼山路交汇处的青岛艺术博物馆的外墙。一到旅游季节,在这里拍照的人就络绎不绝。不仅仅是外墙颜色艳丽,游客喜欢在这里拍照的原因更重要的是在青岛这座国际化都市里,有这么一道中国传统建筑风格的墙壁实属难得。所以,这道墙会格外引人注意。

刚才提到这道墙是中国传统建筑风格,同学们想一想,这道墙上的哪些元素显示它的风格?(根据学生回答总结补充。)从颜色和瓦片上可以看出来。瓦片的前方称为瓦当,它上面描绘着精美的纹样。中国传统纹样在这里可谓异彩绽放。由此引出本课课题——秦汉瓦当。

【讲授新课】

(播放一段短视频,1分钟了解瓦当)屋檐最前端的一片瓦为瓦当,俗称瓦头。瓦当的瓦面上有花纹,垂挂圆形的挡片,是覆盖建筑檐头筒瓦前端的遮挡(区别于滴水,滴水是指覆盖建筑檐头板瓦前端的遮挡,呈下垂状)。瓦当是中国古建筑的重要构件,起着保护木制飞檐和美化屋面轮廓的作用。它是中国传统建筑的特征之一,是中国古建筑不可或缺的组成部分,是中国特有的文化艺术遗产。

秦汉时期是中国封建社会的上升时期,这个时期发达的建筑业为瓦当图案的发展提供了可靠的基础。不同历史时期的瓦当有着不同的特点。秦汉时期的瓦当数量最多,纹样最为精美,具有极高的艺术价值。在美术专业一直有"秦汉瓦当""秦砖汉瓦"的说法。

秦代瓦当纹饰取材广泛,山峰之气、禽鸟鹿獾、鱼龟草虫皆有,图案简明生动。这时的瓦当纹饰以动物形象居多,有鹿、鸿雁、鱼及变化的云纹。图案构思巧妙,有将画面一分为二的,也有一分为四的,在对称中求变化,均衡自然,富于生气。汉代瓦当在工艺上达到顶峰。纹饰题材有"四神"、翼虎、鸟兽、昆虫、植物、云纹、文字、云与字、云与动物等,出现了以当心乳钉分隔画面的布局形式。文字瓦当有 1 字至 12 字不等,内容有吉祥语如"长乐未央""长生未央""与天无极"等,也有标明建筑物名称与用途的。瓦当纹样造型简洁,图案生动,极富韵律美。这些图案是春秋战国以后社会变革、百家争鸣社会气氛的一种反映。

(1)动物纹样。秦汉瓦当中动物纹样的瓦当数量非常多,主要有鹿纹、"四神"纹、凤纹、鱼纹等。这些动物纹样主要表达人们对美好生活的向往,如鹿同"禄"、羊同"祥"、獾同"欢"、鱼同"余"等。最具代表性的动物纹样瓦当应是"四神"瓦当(图 3-2)。"四神"传说是我国的方位神,分别代表着东、西、南、北 4 个方向:青龙——东、白虎——西、朱雀——南、玄武——北。"四神"又代表着 4 种颜色:青龙——青色、白虎——白色、朱雀——红色、玄武——黑色,即青红皂(黑)白。道家又以此表示 4 个方位:左青龙、右白虎、前朱雀、后玄武。

图 3-2 "四神" 瓦当

（2）文字瓦当。汉代是瓦当艺术的顶峰时期,创造性地出现了文字瓦当(图 3-3)。

小组探究活动:结合汉代社会发展特点,说一说文字瓦当在汉代出现的必然性。（各小组成员探讨这一问题,5 分钟时间。）首先,由于汉代国力的强盛、疆域的辽阔、经济的繁荣、人民生活水平的提高,原有瓦当上的纹饰或题材不足以反映当时人们思想和社会生活的方方面面。其次,由于汉代文化艺术的高度发展,特别是秦始皇"焚书坑儒"事件后,被禁锢的儒家思想文化在汉代得到了空前的解放,这会在瓦当纹样上有所反映。再次,由于汉代手工业的长足发展,工艺水平大为提高,在瓦当制作上掀起了创新高峰。文字瓦当比其他纹样更为复杂,因此其出现也是必然结果。

图 3-3 文字瓦当

文字瓦当也是线条纹样,线条流畅、疏密有致,给人以美的享受。

（3）云纹瓦当。云纹也是秦汉瓦当的代表性符号。云纹虽然变化空间不大,表现单一,却非常简洁,概括性很强(图 3-4)。

图 3-4 云纹瓦当

秦汉瓦当纹样主要是在一个圆形里进行设计的,是典型的圆形适合纹样。秦汉瓦当纹样主要有 5 种构成方式:单独式、二等分式、四等分式、"米"字式、旋涡式(图 3-5)。

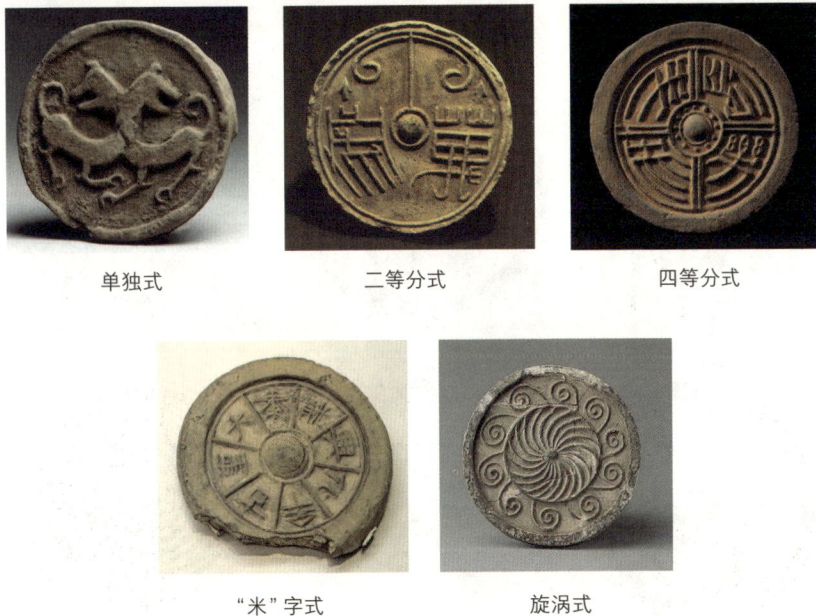

单独式　　　　　　　二等分式　　　　　　　四等分式

"米"字式　　　　　　旋涡式

图 3-5 秦汉瓦当纹样主要构成方式

【课堂小结】

秦汉时期是中国瓦当艺术发展的辉煌时期。最早的瓦当出现在西周时期。战国时期的瓦当呈现出鲜明的地域特色,比较著名的有齐故城遗址出土的瓦当,以半圆形为主,题材丰富,大多是表现生活气息的动物瓦当。秦汉时期,云

纹是装饰的主题。汉代瓦当题材丰富,王莽时期的"四神"瓦当形神兼备,是汉
代瓦当的代表。西汉时期出现了文字瓦当。汉代隶书盛行,但瓦当采用的是篆
书,因为篆书的线条可塑性强,更适合瓦当图案的塑造。秦汉之后,民间大量使
用瓦当。魏晋南北朝时期,随着佛教的传入,莲花纹瓦当增多,云纹瓦当渐渐减
少。辽金时期,兽面纹再度出现,这一时期也是瓦当艺术发展的最后一个辉煌
时期。元代是瓦当发展的低谷。明清两代的瓦当以云龙纹为主。封建社会结
束后,瓦当彻底退出了历史舞台。现在,它已经成为中国传统文化的一部分。

【作业布置】

对瓦当纹样进行再创意,让瓦当变成另一件物品。

作品尺寸:20 cm×20 cm。

学生的部分作品见图 3-6。

图 3-6　学生创意手绘瓦当作品

课后感悟

　　瓦当是我个人比较喜欢的一种传统文化形式。它的发展史折射出中国传
统建筑的发展史,也反映出中国社会生活的发展。早在 2016 年,我就尝试带领

手绘社团的学生对瓦当再创意进行深入的探究,也创作出了一些比较满意的作品。因此,我才想在校本课上把它推广开来,希望更多的学生能喜欢上这一优秀、独特的传统文化形式。这节课我准备得比较充分,但对于最后的实践部分,我觉得讲得还不够充分。学生在实践过程中反映出许多问题,我会慢慢修正,希望这节课能成为一节精品课。

由于宣传及传承过程中的诸多原因,我们能深切体会到一些优秀的传统文化与我们的生活渐行渐远。然而,中华优秀传统文化是中华民族的精神命脉,是涵养社会主义核心价值观的重要源泉,积淀着中华民族最深沉的精神追求,是中华民族独特的精神标识,形成了中国人的思维方式和行为方式,支撑着中华民族历经五千余年而生生不息、代代相传。中华优秀传统文化源远流长、博大精深,包含着丰富的哲学思想、道德情操、价值观念、审美品格、艺术情趣、辩证思维和科学智慧,是中华民族宝贵的精神矿藏。对青少年进行传统文化的涵养和滋润是现阶段必不可少的育人环节。我无论在课程开发还是在课堂打造等过程中,都积极践行这种育人理念。

2022年3月,我有幸被青岛市教育局和青岛市委统战部"双推",当选为青岛市第十七届人大代表(图3-7)。我在积极参政议政之余,也根据自己的专业特长积极履职。在第一次会议期间,我提出了《关于在全市中小学校、幼儿园实施"青岛地域文化"课程一体化的建议》,目的就是动员全社会力量,集全市教师之力,积极构建"青岛地域文化"课程,并进行推广应用,让传统文化传承从娃娃抓起,真正在校园落地。

图3-7 笔者当选青岛市第十七届人大代表

附:笔者在青岛市第十七届人民代表大会第一次会议上提出的建议

关于在全市中小学校、幼儿园实施
"青岛地域文化"课程一体化的建议

导语

习近平在庆祝中国共产党成立95周年大会的重要讲话中指出:"文化自信,是更基础、更广泛、更深厚的自信。"文化自信成为继道路自信、理论自信和制度自信之后,中国特色社会主义的"第四个自信"。习近平为何如此重视文化自信,又为何要践行文化自信呢? 一个国家、一个城市的现代文明发展需要一层层的文化作为积淀,因为"只有坚持从历史走向未来,从延续民族文化血脉中开拓前进,我们才能做好今天的事业"。

随着青岛国际地位的不断提升,青岛展示在世人面前的是一座充满现代气息的时尚都市的形象。但一直以来,很多外地人有"青岛是一个经济发展迅速的文化沙漠""殖民文化造就了现代化的青岛"等说法。即使青岛当地人,尤其是青少年,也是以青岛的现代文明为自豪,鲜有提及青岛的历史发展及地域文化。基于此,建议在青岛中小学校、幼儿园全学段实施"青岛地域文化"课程一体化,充分发挥课程育人、文化育人的功能,从幼儿园娃娃抓起,使全市青少年在增进文化认同中坚定文化自信,从而更好地实现"立德树人"的育人目标。

一、提出背景

青岛的地域文化非常丰厚。青岛是中国道教发祥地之一;商朝时期,青岛是中国海盐的发祥地之一,位列中国"四大古盐区"和"五大古港";春秋战国时期,青岛建立山东第二大市镇——即墨,平度的"即墨故城"是中国现存最早的古代城池遗址;琅琊台是秦始皇统一中国后"五巡天下,三登琅琊"之地,也是徐福东渡的起点;唐宋时期,青岛是北方重要的交通枢纽;宋朝在胶州的板桥镇设立"市舶司"专门管理对外贸易;元代开凿中国唯一的海运河——胶莱运河;明清时期的青岛称胶澳,是中国北方重要的海防要塞……1994年,国务院公布青岛为"国家历史文化名城"。

青岛的革命文化也非常具有代表性。《共产党宣言》中"全世界无产阶级联合起来"这一震撼人心口号的翻译者是华岗,他曾担任青岛"国立山东大学"校长兼党委书记;青岛平度的刘谦初,是与王尽美、邓恩铭同一时期的中国共产党早期活动家,他的革命事迹穿越时空、历久弥新……

青岛人文积淀丰厚。1924 年创建的"私立青岛大学"是国人在齐鲁大地上创办的第一所本科起点的现代意义上的高等学府;1932 年在青岛创办的"国立山东大学"是现在山东大学的前身。当时的青岛名流荟萃,梁启超、蔡元培、沈从文、张伯苓、黄炎培、赵太侔、闻一多、梁实秋、洪深、童第周等众多文化和科技名人都在青岛工作、生活过,许多佳话流传至今。

青岛更是有着丰富的传统非遗文化。迄今,青岛已申请市级以上非遗项目就有 167 项,其中国家级非遗项目有 14 项。其中有闻名全国的崂山民间故事、徐福传说等,但更多的项目却一直默默无闻,像崂山道教音乐、茂腔、螳螂拳等众多国家级非遗项目鲜为人知。

青岛的历史文化、革命文化、人文文化、传统文化等众多地域文化共同形成了青岛丰富的文化特征,积淀着劳动人民的智慧和高尚的精神追求。这些带有青岛特色的地域文化值得每一名青岛籍学生去了解、去铭记、去传承。

二、问题现状

(1)青岛许多年轻人特别是青年学生,对家乡的地域文化了解不够全面,就很难树立起对家乡文化的自信心和认同感。

(2)青岛的地校课程在教育主管部门领导下构建完善、体系完整,课程建设方面在全省都名列前茅,也一直引领关于青岛地域文化课程的开发。各区市的地域文化课程丰富多样。但这些课程还是以各区市当地文化为主,呈现碎片状,并没有站在"大青岛"的角度形成一套完整的"青岛地域文化"体系化课程。

三、提出建议

建议教育主管部门和各学校通过地方课程、学校课程等形式,构建"弘扬青岛地域文化、提升文化自信力"的课程体系,研发"青岛地域文化"不同学段的相关课程,形成"青岛地域文化"一体化的课程体系,利用课程育人的优势达到"以文化人"的目标,在全市中小学校、幼儿园推广这一课程,让孩子们始终保持对家乡地域文化的深度认同,牢固树立对家乡文化建设、发展、进步的责任意识,从而更好地培养爱家乡、爱祖国的深厚情感。

"

校园文化是代表学校的一个符号、一种精神，它也是一所学校综合实力的反映，可以极大地提升学校的文化品位。学校特色与文化建设两者相辅相成，相得益彰。学校需要不断创新特色内涵，推动学校向精品化和高品位发展。建设和谐的校园文化，有利于陶冶学生的情操，提高学生的素质，培养学生健全的人格。

"

第四节

特色学校课程设计

——徽章设计

课程背景

青岛一中于 2020 年入选全国首批国防特色教育示范学校,成为全国 27 个国防特色教育学校建设试点之一。为深入贯彻落实习近平关于教育的重要论述和全国教育大会精神,完善立德树人体制机制,国务院先后颁布《关于新时代推进普通高中育人方式改革的指导意见》《深化新时代教育评价改革总体方案》,旨在深入开展习近平新时代中国特色社会主义思想教育,强化理想信念教育,积极培育和践行社会主义核心价值观,加强学生品德教育;遵循教育规律,系统推进教育评价改革,树立科学的教育发展观、人才成长观,切实贯彻"教育必须为社会主义现代化建设服务、为人民服务,必须与生产劳动和社会实践相结合,培养德智体美劳全面发展的社会主义建设者和接班人"。凭借此优势,学校把建设国防科技特色课程作为培养学生主体意识、改善学习方式、提高自我管理的重要载体,学校上下都在努力打造有利于学生个性发展的新型课程体系。

学校为进一步推进国防科技特色学校建设工作,充分发挥国防科技教育的综合育人功能,切实提高学生综合素养,更好地实现"立德树人"根本任务,构建以"立德树人"为载体,以"锻造品格""提升能力"为育人目标,以爱国主义教育为核心,坚持国防科技与思政教育相融合的基础型课程、以优势学科资源为保障,坚持国防科技特色与国家课程相融合的拓展型课程、以提升综合素质为目标,坚持国防科技特色与能力培养相融合的研究型课程的"一体两翼三融合"课程,全面打造青岛一中国防科技特色课程体系。

以爱国主义筑牢国防意识,了解基本的国防理论,学习国防精神,培养爱国主义和革命英雄主义精神,激发爱党、爱祖国、爱人民的思想情感;利用学科优势,开发系列国防科技特色与教育教学相融合的特色课程,整合学科资源,以思政元素构建学校课程育人体系;促进学生的全面发展和素养能力的提升,以强基课程培育思维品质,推动国防教育实践深入开展,形成国防科技特色教育模式,打造国防科技办学品牌。

学校国防科技特色课程的开发坚持确保学生能够人人参与的基础性原则,坚持以适应不同发展水平学生和每个学生个性发展的需要的多样性原则,坚持以适应学生的需求、体现时代教育的特征的时代性原则,坚持提倡教学活动多样、教学时间和空间开放、学习方式的自主选择、评价标准多元的开放性原则,坚持既注重科学原理的认识和掌握,又注重态度、方法、精神综合培养的综合性原则。学校国防科技特色课程设置如下。

(1)以爱国主义教育为核心,开发国防科技教育与思政教育相融合的基础型课程。立足学校本身,根据国家的相关规定和学校发展现状制定国防科技教育课程,将军事训练、国防教育课程、军事理论课程等整合为包括集中军事训练、日常训练等的国防技能课堂,包括国防教育课程、军事理论课程、国防教育选修课、国防讲座等的主题活动课堂,包括模拟演练、实践性教育、社会性军事教育等的国防教育课堂,使学生掌握基本国防理论知识;组织开展国防教育主题月、主题团日、国旗下演讲、国防知识讲座等活动,切实增强学生的国防意识、国家意识和社会责任感,实现学生人人参与。

(2)以优势学科资源为保障,开发国防科技特色与国家课程相融合的拓展型课程。整合学科资源,以校本课程实施为载体,以教研组为单位研发系列国防教育校本课程,如语文组的"强国有我""向最可爱的人致敬""清澈的爱只为中国""国防有我我自豪",数学组的"数学在国防军事方面的应用",英语组的"National Defense Science & Technology(国防科技)",物理组的"中国航天与国防教育",化学组的"化学的发展与历代国防",生物组的"生物武器作用机理与民防""生物技术与军事战略""生物技术与国防建设""生物科技创新助力国防建设",政治组的"国防文化与国家安全",历史组的"20世纪的战争与和平",地理组的"国防安全教育",综合技术组的"技术创新与保家卫国",心理组的"生涯规划之国防科技类专业解读",信息技术组的"军用机器人",音乐组的"地球之声""国防教育主题声乐作品欣赏""爱我中华,固我国防——国防歌曲赏析""国防音乐""国防戏剧""走近红色舞蹈",体育组的"民族传统体育与国防""足球与军事",美术组的"绘国防"。

（3）以提升综合素质为目标,开发国防科技特色与能力培养相融合的研究型课程。针对有关高校办学特色,积极探索拔尖创新人才培养模式,深度研发具有专题性、针对性,以导师制、课题研究等为主要形式,从古文、哲学、历史、数学、物理、化学、生物多个方向针对实施的强基课程。

学校积极树立科学的育人评价导向,健全学校课程综合评价体系,增强课程体系评价的科学性、专业性、客观性,制定国防科技特色课程评价标准,从学生出勤、活动参与、团队合作、学习态度、学习效果、能力锻炼、学习体会及育人成效等方面开展多维度评价。注重学生的发展指导,有序推进国防科技特色课程的顺利实施。

青岛一中以国防科技特色为依托,秉承"国防"和"育人"的双重目标,以"立德树人"为出发点,构建具有青岛一中特色的国防科技特色课程体系,夯实国防教育的思想基础,促进学生强化国防意识、全面提高个人素质。

设计思路

国防科技特色学校徽章设计课在学校的这种大环境下应运而生。学校积极打造国防科技特色,特色课程开发是很重要的一个环节,相应的特色课程就一定要开起来、跟得上。如何根据美术学科特点开发与国防科技相关的课程,让我陷入了深深的思考。国防科技特色与美术学科的联系好像并不是很大,而与物理、化学、生物等学科关联较多。看到那些学科的老师纷纷开发出了相关课程,我纠结了很长一段时间,设计了好几个方案,但都被自己否定了。美术学科作为非高考科目,在高中阶段学生眼中属于边缘学科,属于"休闲课"。要让美术国防特色课程与"实用性"较强的其他学科课程平起平坐,必须得下狠功夫、动脑筋。思来想去,我认为只有从兴趣入手,抓住学生的兴趣点,才能与九大高考学科"抗衡",守住校本课程的一席之地。

查阅大量文献资料和国防美术作品后,我发现宣传国防知识,其实真正要宣传的是国防的精神和这种精神的传承,大量优秀的美术作品恰恰酣畅淋漓地把这种国防精神表现了出来。回望70多年的新中国美术发展历程,我们不难发现,弘扬爱国主义精神一直都是美术创作的主旋律。党的十八大以来,实现中华民族伟大复兴的中国梦成为当代中国爱国主义的鲜明主题。最具代表性的是继"国家重大历史题材美术创作工程"之后,又实施了"中华文明历史题材美术创作工程",艺术家们为此创作出大批优秀作品。纵观中华人民共和国成立70多年以来的国防军旅作品,有两种题材的作品最让人动容:一是对战争及艰苦环境中战士们不畏艰险、不怕困难的场景描述,二是对战士们日常生活的表现。这两种题材的作品一个严肃、一个活泼,一个残酷、一个温暖,但确是从不同角度对战士们生活的表现。这些被悉数收入了我研发的国防特色美术课程中。

这些作品在史实凝缩表现、历史情景再现、艺术风格语言铸造和精神境界开拓上,都达到了很高水平,为向大众进行爱国主义教育提供了优秀的视觉图像。一代代艺术家顺应时代发展,不断深入表现爱国主义精神的丰富内涵,通过作品来引导人民树立和坚持正确的历史观、国家观、民族观、文化观,增强做中国人的骨气和底气。

课时教案

课题:徽章设计

课时:1课时

课型:综合探索

▶ **教材分析**:本节课是美术组特色校本课程"绘国防"中的一节实践课。"绘国防"课程主要分为鉴赏课和实践课两部分。鉴赏课主要通过对相关国防美术作品的赏析,树立学生的国防意识,培养学生的爱国精神;实践课则是通过手绘相关国防作品,在提高学生绘画技能的同时提升学生的审美素养。本课是通过对标志设计的学习,让学生对国防精神有深刻的认识,真正把国防精神"外化于行,内化于心"。

▶ **学情分析:**高一学生通过义务教育阶段的学习,已经具备一定的审美素养,也掌握一定的绘画技能,但对标志设计没有形成理论知识体系。本节课通过青年学生的视角,在国防精神引领下,让学生近距离接触标志设计,设计出一款独特的校园徽章。

▶ **教学目标:**

(1)了解标志设计的发展史。

(2)掌握标志的构成特点和设计理念。

(3)能够通过组合、简化等手段熟练运用设计元素,独立设计一个标志。

(4)能够领略各种类型标志中的设计之美。

▶ **教学重点:**标志构成特点的掌握及设计元素的合理运用。

▶ **教学难点:**学校元素在徽章设计中的运用。

▶ **教法学法:**讲述法、探究法、讨论法、展示法、实践法等。

▶ **教学准备:**课件、相关图片、短视频。

▶ **教学过程:**

【导入新课】

展示城市标志的图片(图4-1)。

图 4-1　城市标志示例

边欣赏边思考：在这些标志中，你发现了几种设计形式？

回答：标志设计的形式有文字、图形、图文结合。

提问：在标志设计中使用的文字和图形都有什么特点？

回答：简化。

引出课题——标志设计的简约美。

【讲授新课】

提问：在标志设计中，文字的简化是如何体现的？举例说明。图形的简化是如何体现的？举例说明。

我们通常看到的物体有简单的也有复杂的。简单的图形还好说，造型不难；如果遇到复杂的，创作时就需要进行归纳和简化。这一步非常重要，可以帮助你舍掉不需要的或是烦琐的元素，同时也可以提升设计的美感，使之简洁而又不失真。这既是设计创作中的主观处理，也是考验设计者对图形是否有归纳能力的一个依据。

提问：怎样才能成功地对图形进行简化？用什么方法可以比较好地表达出来呢？

其实，图形简化的核心就是"化"，可以是变形也可以是增减，不拘泥于某一种。想要恰到好处，归纳"形"是重点，简单来讲，就是大体上要画得像，造型出入不大，然后通过平时所学到的知识或向其他艺术家借鉴，对局部形体进行再塑造，最终产生新的图像。简化是对图形再组合的过程，要求形准。需要说明一点，任何创作都要遵循事物本身的特征与元素。若天马行空般地想象，过于脱离实际特征，会出现问题。当然，在简化的基础上要进行一次变异与升华，在不影响基本形的前提下对已经修改过的内容再加工，使图案看起来具备另一种特性。

标志简化手法案例分析：图4-2所示标志既包含文字元素，又包含图形元素。

图4-2　标志简化手法

【课堂练习】

对学校的实景(图4-3)进行简化练习。

图4-3　青岛一中实景

【作业布置】

利用简化手法,为学校设计一枚国防科技特色徽章。

设计要求:

(1)搜集合适的元素,确定适合国防科技特色的风格。

(2)设计出的徽章图案整洁。

(3)不宜采用反差太大的颜色,以免影响整体的设计效果。

(4)尺寸:直径 10 cm 的圆。

部分学生作品见图 4-4。

图 4-4　学生国防科技特色徽章作品

课后感悟

　　这节课让我想起了教育因地制宜的特性，也让我想起了前一段时间网上"何为真教育"的热议。真教育就是从真的教育，它与虚假的、形式主义下的伪教育相反；也有人说切合实际的、促进学生健康发展的教育都可以算是真教育。由此看来，只要是因地制宜、因人而异的"对症下药"的教育就称得上真教育。这节课从学校的实际校情出发，在开发学校特色课程的基础上，并没有浮于表面，而做到了既让学生感兴趣，又实现了美育目标。

　　正如美国教育学家拉尔夫·泰勒在其著作《课程与教学的基本原理》中所言：对学生需要和兴趣的满足、对当代社会生活的研究、学科专家的建议，可以帮助学校和教师确定"尝试性的一般的教育目标"。也就是说，教学、课程必须依据学生的需要和满足学生的兴趣，必须鉴于对当代社会生活的研究，必须汲取学科专家的建议，否则，就是脱离实际、毫无意义、纸上谈兵的教学和课程。

"

　　艺术作品的创作需要丰富的想象力和灵感。任何艺术的基础都来源于生活。即便是非常丰富的主观想象，也来源于对生活的感悟和体验。对生活的观察力越强，对生活的体会越深刻，创作出的艺术作品就越生动、越成功。

"

校本特色课程设计

——手绘校园美食

课程背景

　　设计这节课的初衷来源于我偶然看到的几幅美食插画作品，当时我就被它们精美逼真的效果所震撼，感慨于一支支平凡的彩铅竟能够渲染出足够真实的效果。于是，我想设计一节课，把自己这份对彩铅的惊艳和学生们一起分享。高中学生基本住在学校，一日三餐也吃在学校。对于这个年龄段的孩子，吃，可是大事，因此学校的食堂、食堂里的每一餐饭都让他们关注。这里不得不提一提青岛一中的"饭"。

　　在所有青岛局属学校中，青岛一中的伙食是很出名的。每当举行比如高考、合格考等大型重要考试，外校的老师都喜欢来青岛一中监考，一个原因就是伙食好。平时学生们可以在两处食堂就餐。一食堂是常规饭菜，质量和口味没的说。可学生们最喜欢的还是二食堂，那里的饭菜真可谓五花八门，学生们平时爱吃的小吃几乎都能在那里找到，水饺、馄饨、比萨、汉堡、牛肉面等自不用说，竟然还有东北大炸串、湖北黄鱼面、贵州牛肉粉、单县羊肉汤、西镇辣鸡架……一系列地方特色美食一字排开，不但学生们爱吃，老师们也会时不时地去解解馋。饭点一到，"千军万马"就从身边呼啸而过。假如你上完最后一节课和学生们相遇，目睹"跑饭"的场面，一定会震惊无比。

设计思路

在鉴赏艺术作品、进行艺术创作时,我们经常会用到一句话:"艺术,来源于生活而高于生活。"曾经有位学生问我这句话该怎样理解,记得我当时对自己的解释并不满意。但在这节课里,我似乎能够很好地诠释这个问题的答案。

记得刚布置完这节课的任务时,学生们简直欢呼雀跃。在我看来,他们的表现就像一群"小吃货":别的美术作业可以完成得不出色,甚至会是应付,但这幅画美食、画学校饭菜的作业,必须拿得出手才行。我也被学生们饱满的热情所感染,加入他们的队伍,讨论哪种粉加点醋味道更好、哪个窗口的辣椒油更地道……学生们的绘画技能仿佛瞬间提升了不止50%,他们虔诚请教画法、互相切磋经验的做法一度让我感到虚幻。这让我理解了"兴趣是最好的老师"这句话的内涵,也让我在以后的课程设计里时时提醒自己把学生的兴趣放到第一位。

这节课在点燃学生兴趣的同时,也是一节彩铅使用技法课。自2005年接触彩铅画以来,我一直对它情有独钟,有一段时间甚至达到痴迷状态。2015年,同学科的30位老师共同出版了"当代画家作品集"系列画册,我的作品(图5-1、图5-2)是30本画册中唯一的彩铅作品。

图5-1　笔者的画册

图 5-2　笔者的彩铅作品

　　虽然有一段时间中断了创作,但我内心深处钟爱的还是彩铅。彩铅画自带一种独特的艺术魅力。彩铅的使用方便快捷。它比水彩更严谨,比油画颜料更轻盈。它的独特性在于色彩丰富且细腻,具有极强的表现力,既可以表现出轻盈、通透的质感,又能营造粗犷、浓厚的氛围。可以说,任何效果都能用彩铅尽情展现,这也正是其他工具、材料所难以达到的。这节课不但让学生鉴赏许多精彩的彩铅作品,还让学生尝试彩铅的多种绘画技法,更重要的是让学生在体验技法的同时,从美的角度去看学校三餐,从而增强爱校的情感。

　　描绘校园生活是校园文化建设的一个重要方面。学生能够通过本课所学,为自己的学校创作一张张精美的美食名片,让学生发现普普通通、平平淡淡的一日三餐能在自己的手中被赋予生命的美好色彩。这也体现出开设这节课的目的:希望学生平时能够多观察生活,发现生活中的美,因为美来源于生活。

课时教案

课题:手绘校园美食

课时:1 课时

课型:鉴赏、实践

▶ **教材分析**:手绘是学校美术课程中学生比较喜爱的一项内容,能够极大地激发学生的兴趣和创新意识,施展学生的个性和才华。本课选自校本课程中的"校园生活"这一主题单元,选取了相关代表性图片进行鉴赏分析,再进行拓展创作,从一个新视角关注学生的校园生活和校园文化建设。

▶ **学情分析**:经过高一一年的美术鉴赏学习,高二学生已经具有了较强的鉴赏分析能力和一定的表现力。这个年龄段的高中学生思维活跃,参与意识强烈,有很强的探究意识和创新意识,对自己熟悉的事物有很强的探索和表现欲望。

▶ **教学目标**:

(1)体验彩铅作品中传达出的形式美感。

(2)了解并熟练掌握彩铅的使用技法。

(3)能够通过观察、思考和实践完成一幅彩铅作品。

(4)通过创作培养学生爱学校、爱生活的情感。

▶ **教学重点**:彩铅的涂色技法。

▶ **教学难点**:如何利用美的法则对一日三餐进行创作表现。

▶ **教法学法**:观察法、探究法、讲授法、实践法。

▶ **教学准备**:

(1)教师准备:课件、优秀的彩铅作品图片、彩铅及其他绘画工具。

(2)学生准备:彩铅及其他绘画工具。

▶ **教学过程**:

【组织教学】

通过课前聊天等方式,了解学生对表现"校园美食"这一主题的感兴趣程度、是否知道用什么技法表现等,以便更好地开展教学。

【导入新课】

（大屏幕配乐播放美食题材的彩铅作品，为学生创设有趣的情境，引出发现之美，做到激趣引美。）对于美食，相信学生是没有抵抗力的。在学生观看美食图片后进一步引导：这些逼真的美食图片不是摄影作品，而是一幅幅彩铅画作。彩铅是大家都用过的一种绘画工具。大家在没见过这些图片之前，一定觉得彩铅很"low"吧？其实，通过热爱绘画的人的执着和努力，一大批在我们眼里普通得不能再普通的工具，已经在新的领域里重新展现出风采！今天，我们就一起尝试用彩铅创作一幅作品，体验一下彩铅的魅力！

引出课题——手绘校园美食。

【讲授新课】

一支支普通的彩铅，就能把真实世界表现得五彩缤纷，其中肯定有使用技巧。我们先来看一看如何使用彩铅。

（1）线的使用。在创作一幅比较逼真的彩铅作品时，线的使用是非常关键的，因为线的主要作用是勾勒所描绘物体的边缘。由于物体固有色、光线及透视等因素，在描绘物体时，线出现了很多变化（大屏幕展示几幅彩铅作品，如图5-3所示，根据所描述的线的变化进行针对性讲解）。

图5-3 彩铅作品中线的变化

固有色：图5-4中的葡萄，画得让人有垂涎欲滴的感觉。葡萄的颜色分很多种，有紫葡萄、绿葡萄等等。就拿紫葡萄来说，紫色也不是单纯意义上的紫色，而是千变万化的紫色，有偏蓝的紫、有偏红的紫等等。所以，要想把葡萄画得逼真，就要认真观察葡萄本身的颜色，即固有色，看它到底是偏什么颜色的，要选择接近葡萄固有色的色彩来勾线。

图 5-4 彩铅绘的葡萄

光线:有光才能展现五彩斑斓的世界,物体也因为光线的照射而显得格外明亮。大家看这幅作品(图 5-4),光线作用产生了很大的明暗色差,只有把这种色差表现出来,才能真实反映物体本身。所以,应该用深浅不同的彩铅勾勒光线照射下的轮廓。

透视:如果说前两种因素是我们能观察到的话,那么透视就要加上我们的思考了。大家知道,物体距观察者有远有近,那么,怎样在平面上表现远近效果呢?大家可能会说近大远小,这是形体的透视,的确能表现远近,但在色调运用上就要做到近实远虚。大家仔细观察这一幅作品(图 5-4),同桌两人讨论一下近实远虚是怎样体现的。(让学生带着问题探索,尽量自己找到问题的答案。)学生回答后老师总结:近处的几个葡萄轮廓线清晰,远处的葡萄就不要表现得这么明显了,尽量虚化,这样才能体现近实远虚的视觉效果。(让学生画一个简单的小作品,主要体会线的用法,既巩固了所讲知识点,又能真正感受彩铅画中线的效果魅力。)

(2)面的使用。大家再来观察这幅作品(图 5-4),小组讨论:画家是如何做到让一粒粒葡萄效果逼真的?(学生通过合作探究学习,能够主动发现技法之美,从而产生强烈的学习兴趣,真正达到以趣赏美的学习目标。通过合作,增强了学生的团队意识和团队自豪感。)各小组成员讨论后回答问题,老师补充总结:大家观察得很到位,每一粒葡萄的颜色都是从边缘线开始由深及浅地表现的,这种手法叫渐变法。大家再看影子部分的处理和远处个别葡萄的处理,基本上是同一种颜色,这种方法叫平涂法。我们来仔细了解一下这两种方法。

渐变法:顾名思义,就是深浅按一定规律变化的彩铅绘法。先来看葡萄本身,由于光线的作用和圆形的结构特点,出现了颜色深浅在圆形结构中的变化。大家在表现这一点的时候一定要先摸清变化的规律再绘画。(播放老师微课作品,讲解画葡萄时渐变法的运用。)让一名学生简单描述渐变法的过程。提问:我表现深色部分时用到了哪些颜色,表现浅色部分时用到了哪些颜色?大家有没有发现其中的用色规律?同桌两人讨论、思考后回答。(让学生观察、思考,培养他们发现问题、提出问题、解决问题的能力。)学生回答后老师补充总结:使用重颜色时一定要重重搭配,若加入浅色,会使暗部变脏,并且重不下去;而使用浅颜色时一定要浅浅搭配,一旦加入重色,会打破颜色的变化规律,亮部变暗,亮不起来。大家可以试一试做一个错误的搭配(让学生体验一次错误的搭配方式,可以让他们加深记忆,不再出现此类错误)。要想使重颜色变得更重,重重搭配是关键,还要懂得一个涂色技巧,那就是对比色搭配。比如这粒偏蓝的葡萄,用深蓝色把渐变表现出来后,暗部加入深红色,颜色会一下子变重,大家可以尝试一下(让学生再次体验,增进技巧)。大家再思考:葡萄亮部颜色需不需要加入对比?大家看这粒葡萄,加入对比色的话,颜色一下子就变深了,所以刻画亮部时一定要谨慎。假如光线等原因使物体很暗,可以使用浅色的对比,但一般情况下,亮部尽量少使用对比色。

平涂法:大家看这组葡萄的影子,变化不大且颜色较深,这时可以使用平涂法。大家再看远处几粒葡萄,也使用了平涂法,为什么?因为远处的物体是虚的,不但轮廓要虚,结构也可以虚化处理,所以可以使用平涂法来表现。但不要用得太多,只用在远处物体上即可。

(3)作画步骤。提问:看了那么多美食,了解了这么多彩铅技法,大家有没有动手画一画的冲动?其实我们身边有许多可以表现的美食。(大屏幕播放学校第二食堂的各种美食,激发学生的创作欲望。从身边的事物入手,更能充分调动学生创作的积极性。)绘画步骤:① 观察食物的特点,抓住其主要特征,用铅笔起草;② 确定好铅笔稿后,用勾线笔勾勒定稿;③ 根据本节课所讲的技法用彩铅进行彩绘;④ 整理完成。

(学生们进行创作,老师随堂辅导。)老师征集学生作品(图5-5)后展示,并以多种方式进行评价。

图 5-5　学生校园美食作品

课后感悟

　　我认为本课的不足就是我讲得太多了,而让学生自主探究的活动少了。一堂真正的好课,不单单是激发了学生的兴趣,创作出了较好的课堂作业,更重要的是学生通过上课培养了多种能力。比如,小组间的探究学习能把学生被动学习变为主动探索问题,把吸收知识、个人自学、小组交流、合作探究、老师引导等环节有机结合起来,不但发挥了学生的主体作用,而且组内成员相互合作,各小组之间相互激励、竞争,都会无形地激发学生的学习热情,挖掘个体的学习潜能,增加互换的知识量,使学生在互补促进中共同提高。我讲课内容过多,会直接导致填鸭式地给学生灌输知识。因为这节课技法多,所以我总是担心学生自主探究后不能得到很好的效果。我的确应该反省自己,把课堂还给学生,让他们成为课堂的主角,我只是扮演一个引领者的角色。

　　我应该积极改正自己的教学方式,实现真正意义上的高效课堂!

国家课程校本化,就在于"提高课程的适应性,促进学生的个性成长;提升教师的课程意识,促进教师的专业发展;实现学校的课程创新,促进学校特色的形成"。增强课程的适应性,"让课程适应每一位学生的发展",满足学校、教师和学生的实际特点与发展需要,以提高课程的有效性。

节日文化课程设计
——字体创意设计

课程背景

　　1985 年《中共中央关于教育体制改革的决定》和 1986 年《中华人民共和国义务教育法》，正式开始了教育权力下放和办学形式多样化的改革进程，但课程决策权真正下放到学校是在 20 世纪 90 年代后期。1998 年《面向 21 世纪教育振兴行动计划》，1999 年中共中央、国务院《关于深化教育改革全面推进素质教育的决定》两个纲领性文件的颁布实施，才明确提出了试行国家课程、地方课程和学校课程的具体要求。为此，教育部在制定的《国家基础教育课程改革指导纲要（试行）》中，也明确提出"实行国家、地方和学校三级课程管理"的指示和具体要求。从此，我国校本课程正式落地实施，国家课程校本化成为当下学校课程建设和实施的一项重要任务。

　　学生现在使用的美术必修教材是《美术鉴赏》（山东美术出版社出版）一书，其中，第三课"生活蕴美　书画寄情"用大量篇幅讲中国书法艺术。书法是中国汉字的一种独特的表现方式，是一门古老的汉字书写艺术。从史前的甲骨文到商朝的金文，一直到我们现在使用的楷书、行书等，书法已经成为一种独特的书写艺术。作为视觉艺术的一种，它也一直散发着迷人的魅力。作为中华优秀传统文化，它应当被发扬、被传承。但是，随着信息技术突飞猛进的发展，再加上电脑的普及和手机的便携性特点，人们的交流方式以及书写方式都发生了很大的变化，青少年学生的汉字书写能力在慢慢减弱。学校里写不好汉字的学生越来越多，写不好字已经成为卷面得分的最大障碍，每年高考由于卷面失分的学生不在少数。面对这一难题，我陷入深深思考。除了信息技术的飞速发展导致书写机会变少和学生作业量大而书写质量不能保障这两个原因外，汉字对学生的吸引力变小也是一个很重要的原因。如何让学生看到汉字的魅力，如何改变学生写不好字的现状？这节课是我在国家课程校本化方面的又一次尝试。

设计思路

传统文化题材一直是我课程研究的主题。让中国汉字的意蕴美和结构美落在哪一个载体上呈现呢？我想到了中国传统节日，这也是学校实施德育的一个完美落脚点。

近几年，随着人们对中国传统文化的重视程度越来越高，之前一些所谓的"洋节日"渐渐淡出了我们的视线，传统节日已"回归"，正慢慢渗透到我们的生活中。围绕中国传统节日这一主题设计一节创意字体课，在育人的同时，也顺应了文化发展趋势。

从远古时期发展而来的中华传统节日，是中华民族悠久历史文化的重要组成部分，不仅清晰地记录着中华民族丰富多彩的社会生活文化内容，也积淀着博大精深的历史文化内涵。中国的传统节日主要有春节（农历正月初一）、元宵节（农历正月十五）、龙抬头（农历二月初二）、春社（农历二月初二前后）、上巳节（农历三月初三）、寒食节（冬至后的 105 或 106 天）、清明节（公历 4 月 5 日前后）、端午节（农历五月初五）、七夕节（农历七月初七）、中元节（农历七月十五）、中秋节（农历八月十五）、重阳节（农历九月初九）、下元节（农历十月十五）、冬至（公历 12 月 22 日前后）、除夕（农历腊月廿九或三十）等。传统节日的形成过程，是中华民族历史文化沉淀的过程。汉代《春秋命历序》记载："天地开辟，万物浑浑，无知无识，阴阳所凭。……日月五纬，俱起牵牛。四万五千年，日月五纬一轮转。……定天之象,法地之仪,法作干支,以定日月度,共治一万八千岁。"上古干支历法是中国传统节日产生的依据。在五千年的历史发展演变中,前后共出现过 102 个历,曾诞生过许多节日,有的已经半路"走失"。我们所经历的节日只是当时留存下来的一小部分而已。

传统节日形成于一个民族或国家的历史文化长期积淀的过程,涵盖了原始信仰、祭祀文化、天文历法、易理术数等人文与自然文化内容,是一个民族或国家丰厚文化底蕴的象征。

❀ 课时教案

课题:字体创意设计

课时:1 课时

课型:鉴赏、实践

▶ **教材分析**:本节课是从山美版《美术鉴赏》第三课"生活蕴美 书画寄情"中延伸出来的,以国家课程校本化的形式设计而成,可以让学生在感受汉字之美的同时,了解汉字的多样表现方式,学会鉴赏生活中常见的艺术字并创作艺术字,真正领悟这一节课的设置用意和文化精髓。

▶ **学情分析**:圣诞节、感恩节、万圣节等一系列"洋节日"在学生群体中较为流行,大多数学生只沉浸在"洋节日"带来的仪式感和氛围中,却没有真正意识到每一个节日中的文化内涵。经过前几节美术课堂上的审美素养培育和手绘创意练习,高一学生大部分具备了较强的鉴赏分析能力和创意表现能力,能够顺利达成本节课的目标。

▶ **教学目标**:

(1)了解中国文字的发展演变过程。

(2)体会中国节日的文化内涵,增强文化自豪感和使命感。

(3)学会变形字体的创意设计。

▶ **教学重点**:通过文字的字义和结构进行字体的变形设计。

▶ **教学难点**:形成字体变形设计的美学理念。

◉ **教法学法**：探究法、讲授法、演示法、实践法。

◉ **教学过程**：

【导入新课】

用课件展示创意字，让学生感受字体创意设计的魅力。

提问：你平时都在哪些地方见过这样的字？学生：在商场里、超市里、招牌上、海报上……

汉字文化源远流长，大家熟悉的篆书、隶书、楷书等都是汉字的不同表现方式。大家看到的这些经过创意设计的字体，是汉字的一种表现方式。这些字体是怎样设计出来的呢？

引出课题——字体创意设计。

【讲授新课】

（1）汉字的演变过程：甲骨文—金文—小篆—隶书—宋体—楷体（图 6-1）。

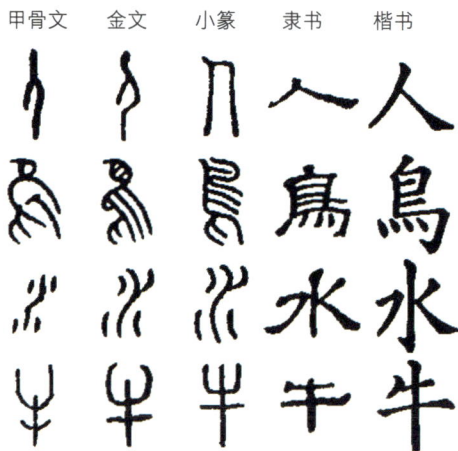

图 6-1　汉字演变

甲骨文是目前我们能见到的最早的汉字，主要指商朝晚期用于占卜记事而在龟甲或兽骨上镌刻的文字，属于象形文字。迄今为止，在我国发现的带文字的甲骨已超过 154 600 块。2017 年 10 月，甲骨文成功入选联合国教科文组织"世界记忆名录"。

金文,也叫钟鼎文,是铸造在殷商与周朝青铜器上的铭文。中国在夏朝就已经进入青铜时代,铜的冶炼和铜器的制造技术十分发达。因为在周朝,铜也叫金,所以铜器上的铭文就叫作"金文";又因为这类文字以钟鼎上的数量最多,所以又叫"钟鼎文"。容庚的《金文编》记载,金文有 3 722 个字,目前可以识别的有 2 420 个字。

秦始皇统一六国(前 221 年)后,推行"书同文,车同轨",统一度量衡,由丞相李斯负责,在秦国原来使用的大篆籀文的基础上进行简化,创制了统一的汉字书写形式——小篆。小篆一直从秦朝流行到西汉末年(约公元 8 年),才逐渐被隶书所取代。但因为其字体优美,颇有古风古韵,所以小篆始终被书法家所青睐。又因为其笔画复杂,形式奇古,而且可以随意添加曲折,所以印章刻制,尤其是需要防伪的官方印章刻制,一直采用篆书。汉字发展到小篆阶段,逐渐开始定型(轮廓、笔画、结构定型),象形意味削弱,文字更加符号化,减少了书写和认读方面的困难。小篆也是中国历史上第一次运用行政手段大规模地规范文字的产物。

宋体是为适应印刷术而出现的一种汉字字体。笔画有粗细变化,而且一般是横细竖粗,末端有饰角,点、撇、捺、钩等笔画有尖端,常用于书籍、杂志、报纸印刷。宋朝文化兴盛,印刷业有了巨大发展。从南宋时期,在临安等地的印刷作坊里就开始出现类似印刷体的字体,后世称之为仿宋体。

楷书形成于汉末、魏晋,全盛于隋唐。它吸收了隶书结构匀称明晰的优点,把隶书笔画的"波折"改为"平直",把隶书形体的扁平改为方正,书写时更为方便,一直沿用至今。史书记载,楷书最早由王次仲所创造,经过钟繇、王羲之的改造而成熟。楷书紧扣隶书的规矩法度,追求形体美的进一步发展。

展示一份报纸,提问:大家有没有留意报纸上常使用什么字体?

介绍黑体:黑体又称方体或哥特体,字形端正,笔画横平竖直,笔迹全部一样粗细。汉字的黑体是在现代印刷术传入东方后依据西文无衬线体中的黑体所创造的。黑体主要用于文章标题。

（2）常用字体的特点。

黑体的特点：笔画粗细基本相等，方头方尾，端庄平整，转角处不留钝角，浑厚稳健，庄重有力，醒目。

宋体的特点：横细竖粗，起落笔有饰角，字体方正。

黑体和宋体是常用字体，我们就以这两种字体进行创意设计。

展示变体字体案例（图6-2）后提问：观察这些变体字体并思考，它们分别是从哪些方面进行变化的？

意义上的变化　　　　　　结构上的变化　　　　　　形状上的变化

图 6-2　字体的变化

提问：字体的创意设计可以采用什么样的表现形式？（图6-3）

形象化　　　　　　　　　　　意象化

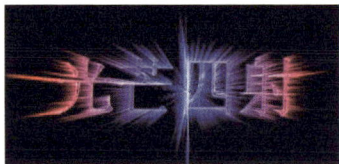

装饰化　　　　　　　　　　　立体化

图 6-3　字体表现形式

课堂小练习：

请从下列词语中任选其一，进行字体设计练习：圆球、破碎、果汁、城堡、流星。

设计要求：① 根据字形、结构、字义进行字体设计；② 时间为 3 分钟。

点评学生课堂练习。字体设计时应注意整体和统一。设计多个字，特别是进行字词设计时，要考虑到整体风格的统一性，设计体现整体性，尽量不要出现每个字特点不同的现象。

展示一幅字体设计作品（图 6-4），让学生辨认其中文字后对字体设计提出要求：设计可以从字的含义出发，装饰手法要体现美感，注意变化统一，还要保留字体本身的易识别性。

图 6-4　字体设计辨析

创意体验：以"我们的节日"为主题，结合本课所学，以中国传统节日为题材进行相关字体的创意设计。

设计要求：① 采用图文结合的方式；② 体现浓郁的节日氛围；③ 体现中华优秀传统文化。

学生的部分作品见图 6-5。

图 6-5　学生字体创意设计作品

图 6-5　学生字体创意设计作品（续）

课后感悟

　　上完这一节课，我最大的感触是"深度不够"，把它讲成了一节各年级的通用课。其实我们在上课的时候经常会遇到这个问题。自己研发的校本课程，不像国家课程一样有完整的课程标准，在知识的深浅程度上会对老师有所指导。那么，在校本课程中，我们该如何去践行这一标准呢？如果是国家课程校本化，那么完全可以参照国家课程标准来制定校本课程标准；假如是自己研发的校本课程，那么就要仔细研究学情，在学情基础上利用本课程的特点制定课程标准。

很多高中老师研发的课程，也可以在初中学段开设，这就是课程标准不明确所导致的典型问题。在课程中一定要加入文化内涵等深层次内容，才能真正实现育人目标。

"

读名人诗文、塑名人雕塑、讲名人故事……这些都是利用历史文化名人资源所开展的育人活动。

历史文化名人代表着中华民族文明进步的力量。充分利用历史文化名人身上蕴藏的"化成天下"的教育价值，将历史文化名人引入学校教育资源，推进历史文化名人资源的课程化，让历史文化名人成为激发学生文化意识和文化自信的育人资源，具有重要的教育意义。

"

第七节

地域文化课程设计

——青岛名人雕塑设计

课程背景

　　大多数人印象中的青岛是时尚的、繁华的，是国际的、包容的，但很多人不知道青岛也是有文化、有内涵的。那么，这些文化和内涵都体现在哪里呢？"名人故居"就是一个很好的答案。这些故居，都因它曾经的主人而闻名。这些名人，或是思想先驱，或是文学巨匠，或是学术精英，给这座城市留下了无价的人文瑰宝。

　　2009年来到青岛工作后，我一直居住在鱼山路的一套小房里，虽然早在2004年就在崂山区买了一套面积大一点的套三房，但我还是愿意住在这套60多平方米的小房，不仅仅是离工作单位近的原因，更重要的是喜欢小鱼山周围的"调调"。这里说的"调调"不仅仅是指自然环境，更是指浓郁的人文氛围。康有为、老舍、闻一多、沈从文、童第周、萧红、萧军……一大批中国近现代文人墨客和科技名人都曾在这里居住过。一个个耳熟能详的名字，让你走过这周围的每一条街道时，都仿佛感受到与他们中的一个人擦身而过。有句歌词形容这一情景再合适不过："走过你走过的路，算不算相逢；吹过你吹过的风，算不算相拥。"

　　康有为故居坐落在青岛话称为"波螺油子路"的福山支路上。在儿子上小学时,我每天接送他上下学都要从康有为故居门前经过。这座建筑是较早建于青岛的德式建筑之一,也是青岛第一个对外开放并开辟为特色博物馆的名人故居。它始建于 1899 年,前望汇泉湾,后依小鱼山,原为德国总督初来青岛的居所。1924 年,康有为购买此房作为寓所,取名"天游园"。它是 3 层砖木结构建筑,具有典型的欧洲田园风格,室内家具均为当时亲王所赠,虽不豪华,却十分高雅。博物馆展厅分为康有为最初接触西学的历程、维新之路、戊戌变法失败之后流亡海外 16 年的经历 3 个部分,将他的一生娓娓道来。康有为故居是点亮青岛的一盏人文之灯,记载和彰显着康有为的思想成就和传奇一生。

从我家徒步到黄县路 12 号,可能还用不了 5 分钟。那里便是老舍故居,又称为骆驼祥子博物馆,是国内第一个用一部文学作品命名的博物馆。这座普通的小楼原本会湮没在青岛老城区的红瓦绿树当中,然而《骆驼祥子》的问世,让这里熠熠生辉。在老舍居于青岛的岁月里,一部《骆驼祥子》成就了他的文学地位,老舍故居自然也进入了中国现代文学的版图。老舍于 1934 年来青岛,受聘于山东大学,直至 1937 年离开青岛,大部分时间居住在这里。在青岛短短的 3 年时间里,老舍在这里创作了 40 多篇优秀文学作品,其中包括中篇小说《我这一辈子》《老牛破车》《文博士》等。老舍作品中少有抒情散文,但在青岛期间,他写了《五月的青岛》《青岛与山大》《想北平》等散文,这也充分表达了他对青岛的深厚情感。

闻一多故居位于鱼山路 5 号中国海洋大学校园北角,又称"一多楼"。这座红瓦黄墙、古朴典雅的建筑具有典型的德式风格。1930 年,闻一多来到青岛,担任国立青岛大学文学院院长兼中文系教授。在这栋楼里,他开始了唐诗研究工作,直至 1932 年离开,除完成《说杜丛抄》外,还写了《全唐诗人小传》《唐文学年志》等作品。

青岛是我国 20 世纪文化名人和海洋科技名人云集的城市之一。他们的足迹遍布在红瓦绿树中。在这个季节,我们相约去邂逅他们!

设计思路

我曾在崂山二中(现青岛 68 中)参加教研活动,了解到当时青岛市美术馆有一项对外公益活动,就是与中小学联手提供多样的特色课程,为崂山二中开设的版画课就让我羡慕了好一阵子。2018年年初,我有机会认识了时任青岛市美术馆馆长的画家郝麒。在我的积极联络下,青岛一中和青岛市美术馆正式签约,合作举办"星计划——艺术校园行"活动。这项活动由青岛市美术馆出面,利用其艺术资源联络一所高校开展活动。当时联系了青岛理工大学美术学院的朱宏轩教授担任校外指导教师。经过多次的讨论研判,针对青岛一中的学情、校情,朱教授专门为我们制定了"青岛名人雕塑""青岛旅游产品设计""青岛文创产品设计"等一系列传统文化与青岛地域文化相融合的特色创意课程。

由于人数有限,我们开始只挑选了2017级的美术特长生参加这项活动,但后来又有普通班酷爱美术的12名学生参加,人数一度增长到了20多人。青岛理工大学派专门的雕塑老师授课,课堂上的很多细节都已经模糊不清,唯独学生们上课时的欢乐场景仍然历历在目(图7-1)。

这节课,课前学生们不但需要绘制精确的人体比例图、人体骨骼图和人体肌肉图,还要了解一位自己感兴趣的青岛历史名人,包括他的生平、他在青岛的活动轨迹以及他在自己学科领域的贡献。

图7-1　特色创意课程课堂场景

课堂上,学生们要全面了解人物的面部结构、姿势动态、衣纹走向。因此,看似简单的一节雕塑课,对学生综合素养提升的作用却不可小看。有了高校老师的参与指导,学校的美术特色课程提到了一个崭新的台阶。这一课程在与高校相关平台相衔接的同时,更是开拓了学生们的眼界,让学生们真正体验到了校本课程所带来的乐趣(图7-2)。

图 7-2 青岛名人雕塑设计课堂场景

课时教案

课题:青岛名人雕塑设计

课时:1 课时

课型:综合实践

▶ **教材分析**:本课是"星计划——艺术校园行"活动特色创意课程"青岛名人雕塑""青岛旅游产品设计""青岛文创产品设计"中的一节。"星计划——艺术校园行"的课程类型主要分调研和实践两种。在调研课上,主要对青岛文化及青岛当下的人文环境和文创产品进行调查研究;实践课则是通过创作与青岛文化和文创相关的作品,在提高学生动手能力的同时提升学生的审美素养,增强学生的文化自信。

▶ **学情分析**:高一、高二年级的学生通过义务教育阶段的学习,已经具备了一定的审美素养,也掌握了一定的绘画技能,但雕塑对他们来说可谓是全新的领域。动手实践塑造技法会对这一年龄段的学生产生较大的吸引力,会引起他们较强的学习兴趣。

▶ **教学目标**:

(1)掌握拉、捏、搓、卷、压、插、接、贴等基本泥塑技法。

(2)学会绘制人体结构图,并掌握人体关节和肌肉的结构与走向。

（3）能够独立完成一件完整的人物泥塑作品。

（4）理解雕塑中的设计美学。

◉ **教学重点**：泥塑人物比例及动态的把握。

◉ **教学难点**：泥塑人物五官、表情、手部动作等细节的处理方法及技巧。

◉ **教法学法**：探究法、讨论法、展示法、实践法等。

◉ **教学准备**：油泥、铁丝、木板等泥塑工具和材料。

◉ **教学过程**：

【导入新课】

播放关于闻一多、老舍、萧红、萧军、束星北等文化名人在青岛生活、工作情况的一段短片。

看完短片后思考：这些文化名人在青岛的足迹清晰且有力。为了把青岛历史名人的故事讲给更多人听，青岛政府做了大量工作，如建设青岛名人故居群，建立博物馆，设立实物、图片展览，等等。作为青年学生，我们该如何传承他们的精神？如何利用艺术手段把他们的形象生动地表现出来？

展示系列人物雕塑作品后提问：利用雕塑这种形式可不可以实现上述目标呢？引出课题——青岛名人雕塑设计。

【讲授新课】

播放一段介绍泥人张人物彩塑作品的视频，看完后小组讨论：你在这段视频中看到了哪些雕塑技法？这些技法都是如何运用的？根据学生的回答总结：雕塑有拉、捏、搓、卷、压、插、接、贴等技法。

展示秦始皇兵马俑图片和霍去病墓前石雕图片（图7-3），介绍这两种截然不同的塑造风格。秦始皇兵马俑的塑造体现了致广大、尽精微的写实风格。兵马俑的塑造基本上以现实生活为基础，手法细腻、明快。每个陶俑的装束、手势等各不相同，面部的表情更是各有差异。霍去病墓前石雕则是典型的写意风格，多根据原石的自然形态，运用圆雕、浮雕、线刻等手法雕刻而成，浑厚深沉、粗放豪迈、简练传神。

图 7-3 秦始皇兵马俑（左）和霍去病墓前石雕（右）

提问：根据了解的知识，你能不能说一说秦始皇兵马俑和霍去病墓前石雕均采用了什么塑造手法？学生分组讨论后回答。

提问：你认为泥人张在对人物进行刻画时采用了什么样的塑造风格？学生回答：写实风格。（确定好本节课的塑造风格是写实风格。）

微视频展示泥塑的制作过程：① 了解泥塑的主要技法；② 了解人体结构和肌肉走向。

泥塑人物的制作步骤：

（1）根据人体骨骼，用铁丝弯折出人物的大体动态，这是泥塑人物的骨架。

（2）把油泥软化到适度状态后，每次使用适量的油泥粘贴到铁丝做成的骨架上，根据人体肌肉走向进行塑造。

（3）利用泥塑工具和适当的塑造方法进行人物五官、动态、衣纹等的细节塑造。这一步是整个泥塑制作的重点，也是难点。

（4）把做好的人物塑像固定在事先准备好的木板底座上，然后进行整体的调整。

【课堂练习】

让学生用事先准备好的油泥进行拉、捏、搓、卷、压、插、接、贴等技法的练习，时间为 10 分钟。

成果分享：让学生谈一谈工具使用及各种技法练习过程中的感想，有问题提出来，大家一起商讨解决。

【作业布置】

根据本课所学,进行人物塑造练习。

设计要求:

(1)查找合适的人物形象,仔细研究人物的外貌特征及性格特点。

(2)注意五官、动态、衣服等的细节刻画,设计出的人物形象要求神似。

(3)学会利用泥塑工具进行塑造。

(4)尺寸:站姿,高度为30 cm左右;坐姿,高度为20 cm左右。

注意事项:

(1)人物选择要有典型性,事先查阅所塑造人物的生平和事迹,争取在塑造中把人物的性格特点表现出来。

(2)合理地使用泥塑工具,会起到事半功倍的效果。刚开始使用工具时,可能会因不熟练而出现速度慢或影响雕塑效果等问题。坚持练习,等熟练后,这些问题都会迎刃而解。

部分学生作品见图7-4。

图7-4 学生青岛名人泥塑作品

图 7-4　学生青岛名人泥塑作品(续)

课后感悟

　　当时学校的课堂还不像现在这样开放、多元,校本课程还处在萌芽当中。那时我正在慢慢建设美术组的特色课程体系,现在回想起来,那时的课程还很不成熟,还只是"点"状呈现,课程之间衔接性小,没有形成"片"状思维。"点"

状课程虽然有一定的独立性,但缺少与其他课程的连贯性,学生们在实践其中一个课程时,往往不能与其他课程衔接,知识的延展性得不到很好的发挥。这次"星计划——艺术校园行"活动,也慢慢为我打开思路,为后来"课程观"的建设和完善打下基础。在此之后,我不断改善美术校本课程的安排,并对教学目标、教学结构和教学思路做出调整,把各个课程进行较为全面的衔接,以"片"状形式呈现,让学生在每一节课里学到的知识都能得到更好的延伸,知识的连贯性能够得到更好的体现。

"

美育不仅仅是关于知识的教育，它更多地强调学生去探索生活，从而能够创造出"源于但高于现实世界的新事物"。

美不是千篇一律的，它具有丰富的变化形式。要在美育中培养学生的创新思维和创新能力，帮助和引导学生利用独特的视角看待这个世界，在净化自身心灵的同时，形成健康的人格。

"

创新培养课程设计
——创意思维训练

课程背景

　　科技创新能力彰显着一个国家的综合实力和核心竞争力,拔尖创新人才更是一个国家核心竞争力的关键点。党的二十大报告对新时代教育战略定位提出了新的要求,是我们一线教育工作者的行动指南。在此前的党代会报告中,教育往往与民生相关联,但党的二十大报告对教育与科技、人才进行了融合性论述,其位置已经排在了民生之前。

　　世界上许多国家都将培养或引进拔尖创新人才确定为国家战略,拔尖创新人才的地位可见一斑。在我国,拔尖创新人才的培养也有着悠久的历史。集中选士大权,采用考试办法分科举人,是隋代选拔人才的一大创举。唐承隋制,更是将人才选拔纳入国家重要事项,逐渐形成了一套完善的科举取士制度。唐太宗执政时期对科举最大的贡献是设立国子监,开设国学,鼓励私人和地方政府开办学校。在贞观后期,仅国学院学生就已经达到 8 000 人。武则天执政时期也十分重视科举,她开创了殿试的形式,对科举制的完善做出了重要贡献。她提倡通过武举来选拔军事人才,开创了武举的先例;为避免考场的舞弊之风,她采取隐藏姓名考试的方法,开创了"糊名"考试制度,这种方法沿用至今。

1949 年后,科教兴国成为我国选拔、培养拔尖创新人才的战略目标。科教兴国是指全面落实科学技术是第一生产力的思想,坚持教育为本,把科技和教育摆在经济、社会发展的重要位置,增强国家的科技实力及向现实生产力转化的能力,提高全民族的科技文化素质,把经济建设转移到依靠科技进步和提高劳动者素质的轨道上来,加速实现国家的繁荣昌盛。科教兴国是党中央、国务院按照邓小平理论和党的基本路线,根据中国国情,为实现社会主义现代化建设"三步走"的宏伟目标而提出的发展战略。1995 年 5 月中共中央、国务院作出的《关于加速科学技术进步的决定》,首次提出在全国实施科教兴国的战略。

党的十九大以来,国家更是强势推出了拔尖创新人才培养计划。2018 年,教育部联合其他部委发布了《实施基础学科拔尖学生培养计划 2.0 的意见》,《意见》中强调:"培养基础学科拔尖创新人才是高等教育强国建设的重大战略任务。"习近平在 2022 年党的二十大报告中再次明确指出:"全面提高人才自主培养质量,着力造就拔尖创新人才。"很显然,我国已经将拔尖创新人才培养提升到治国、强国的战略高度。

教育领域的创新涉及面广,且需要具备跨学科的思维对其进行协同、融合研究。"素养""知识""能力"是培养创新人才的 3 个基本要素。没有对创新的深入研究,并将研究的成果转化为创新教育的内容,并成为培养创新人才的教学素材与授课内容,很难发挥创新的内驱力,很难培养出时代需要的创新人才。因此,形成良好的创新氛围,养成良好的创新习惯,传承优秀的创新传统,都必将依赖教育,依赖教育改革,依赖人才培养模式的建立和完善。神圣的责任自然落在我们这一代教育工作者身上。

"十年树木,百年树人",拔尖创新人才培养具有周期长、见效慢的特点,因此,拔尖创新人才培养应从娃娃抓起。

设计思路

近几年,"创新"这个词的热度持续升温。从经济领域,到政治、文化、社会、生态文明,特别是人才培养方面,创新受到社会各界关注,成为整个社会共同的价值理念。

教育是人才培养的重要手段,教育领域的创新自然受到更为广泛的关注。近几年,中共中央、国务院及教育部门相继出台了一系列关于人才培养的改革政策,如在高等教育领域提出的"金课"建设,把创新创业融入人才培养全过程,从而培养创新型、复合型、应用型人才。一直提倡教育改革,改什么?怎样培养人?培养什么样的人?培养的内容和重点是什么?培养的形式是否符合培养对象的个性需求和时代要求?教育改革应当沿着人才培养的主线进行。要解决如何创新的问题,就得从学生的角度出发,把如何具备创新素养、如何掌握创新知识、如何培养创新能力作为当前教育改革的方向。作为教育工作者,我们要看到这一点,为教育改革做好充分的准备。

阎立钦教授在1999年针对中小学教育接受记者采访时最早使用了"创新教育"的提法,他认为:"创新教育是以培养人的创新精神和创新能力为基本价值取向的教育,其核心是在认真做好'普九'工作的基础上,在全面实施素质教育的过程中,为了迎接知识经济时代的挑战,着重研究和解决基础教育如何培养中小学生的创新意识、创新精神和创新能力的问题。"阎立钦教授强调:"创新是有层次的,我们提出的'创新'不同于科学家和艺术家的'创新'。我们所说的'创新'是指通过对中小学生施以教育和影响,使他们作为一个独立的个体,能够善于发现和认识有意义的新知识、新事物、新方法,掌握其中蕴含的基本规律,并具备相应的能力,为将来成为创新型人才奠定全面的素质基础。"[1]

培养学生的创新能力,首先应该让学生具备创新意识和创新思维。

创新思维培养是当前素质教育的一项重要任务。老师不仅仅要"传道授业解惑",更应该让学生在学习中得到各种能力的锻炼和培养,尤其是创新思维能力。要让学生不仅仅学会知识,还要学会动手、动脑,更要学会思考,做到学习和思考知行合一。温家宝曾经指出:中国培养的学生往往书本知识掌握得很好,但是实践能力和创造精神还比较缺乏。这也说明我们在过去相当长的一段时间里只重视知识的讲授,而忽视了对学生思考、创造能力的培养。教会学生如何学习,培养学生的创新思维和创新能力,才是当前教育的重中之重。

---

① 王磊. 实施创新教育培养创新人才:访中央教育科学研究所所长阎立钦教授[J]. 教育研究,1999(7):3-7.

早在 10 年前,我就开设了"创意手绘"课程,早已经把美术课堂作为培养学生创新能力的重要阵地。本节课就是一节典型的创意思维训练课,通过大量有趣的活动,打开学生的思路,运用启发式教学场景,激发学生的学习兴趣,给学生创造自由的学习空间,最大限度地启发和促进学生的创新思维。这节课深受学生喜欢。学生创作的作品,也能够充分展现他们积极思考、勇于思考的状态。

课时教案

课题:创意思维训练

课时:1 课时

课型:综合探索

▶ **教材分析**:本课是山美版《美术鉴赏》第十八课"现代设计与现代媒体"中的一节综合探索课。纵观本教材,前面的内容对中西美术做了对比和阐述,本节课主要讲述如何在设计中灵活运用创意思维。

▶ **学情分析**:高一的学生具备了基本的美术理论知识,对设计也有所了解,对于如何在设计中灵活运用创意却缺乏明晰的认识。

▶ **教学目标**:

(1)了解相似联想、因果联想、相反联想和内涵联想的表现形式和特点。

(2)了解相似联想、因果联想、相反联想和内涵联想在实际中的运用。

(3)通过作品创作提升实践能力,挖掘思维潜质,训练创意思维能力。

(4)通过欣赏作品,在满足审美诉求的同时提升审美素养,提高审美判断能力。

▶ **教学重点**:创意联想方式在实际生活中的转换与运用。

▶ **教学难点**:创意联想方式在设计中的综合运用。

▶ **教法学法**:讲授法、展示法、演示法等。

▶ **教学过程**:

【导入新课】

我们生活在一个充满设计的空间里,生活中处处离不开设计。那么,这些设计都是从哪儿产生的呢？对，是从我们大脑中产生的，这就是创意。由此引出课题。

【讲授新课】

老师提问：绘画的 3 个基本要素是什么？它们能让你联想到什么？

学生思考并回答：点——太阳黑子、眼珠……线——水平线、地平线、心电图……面——电视、墙……

创意接龙游戏：

游戏规则：从一棵树开始联想，答案不能重复，每人有 3 秒钟的思考时间，若 3 秒过后没有想到答案，则接龙游戏停止。

举例：鸟巢、鸟……

老师提问：我们该如何把创意运用到设计中呢？

从一棵树的形状或外部形态能联想到什么？（图 8-1）

图 8-1　由一棵树的外部形态产生的联想

老师总结：由 A 事物的外部形态联想到 B 事物，称为相似联想。

小练习：请大家运用相似联想，说说根据这 3 张图（图 8-2）都能想到什么。

图 8-2　联想小练习

第一幅图:坦克(由局部联想到整体)、蒙古包、夕阳、炊烟……

第二幅图:拉链、服务员、窗户……

第三幅图:牙齿、骨头、X射线胶片……

老师提问:运用相似联想,说说一把钥匙能联想到什么。

学生回答:一支棒棒糖、一把刀……

看看设计师是怎样利用钥匙进行联想的(出示相关图片)。

老师提问:根据一棵树的用途,你能联想到什么?(图8-3)

图8-3 由一棵树的用途产生的联想

在有因果关系的事物之间形成的联想,称为因果联想。

老师提问:运用因果联想,看到"禁止吸烟"的标志,你能想到什么?

学生回答:(吸烟造成的直接后果)肺癌、火灾、坟墓……

看看设计师是如何利用因果联想对烟进行设计的(出示相关图片)。

老师播放视频:欣赏一段运用因果联想的广告。在看的过程中思考:因果联想在广告中是怎样体现的?

这段广告表现小朋友看见麦当劳与看不见麦当劳时的欢乐、悲伤,采用了直白的因果联想,达到了宣传产品的目的。

老师提问:从树的对立面进行联想能想到些什么?破坏——斧子;如果把树看成实的,它的对立面应是——影子(图8-4)。这种由A事物联想到与其呈现对比或相反的关系的B事物,称为相反联想。

图 8-4　由一棵树的对立面产生的联想

老师展示一张招贴画并提问：设计师是如何运用相反联想进行设计的？

斧子代表破坏，树芽代表再生。设计师运用了相反联想，给人一种强烈的感受，呼吁大家不要乱砍滥伐。

老师提问：从这棵树的内涵，你能想到什么？

树的绿色，能让我们想到大自然、环保、健康等等，引申出更深层次的含义（图 8-5）。由 A 事物的内涵联想到 B 事物，称为内涵联想。

绿色、自然、环保、健康

图 8-5　由一棵树的内涵产生的联想

老师提问：运用内涵联想，说说"上海"能让你联想到什么？

学生回答：时尚、科技、繁荣、潮流……

我们来看一下设计师为上海设计的招贴，体会内涵联想在实际中的运用（出示相关图片）。

课堂练习：运用内涵联想，对"爱"进行联想。注意：要能联想到一些实际形象和物体。（妈妈、嘴、巧克力、家、花……）

课堂小结：这节课主要讲了 4 种联想，其实还有相容联想、相关联想等。这几种联想，我们在运用时可以单独使用，也可以共同使用。

【课堂练习】

这几幅作品(图 8-6)都用到了哪些联想?

图 8-6　联想的应用

学生小组讨论后说出答案:① 相似联想;② 相似联想、相反联想;③ 因果联想、相似联想、内涵联想。

【作业布置】

运用本节课所学,对保龄球和球瓶(图 8-7)进行图形创意设计。

图 8-7　保龄球和球瓶

设计要求:① 在保龄球和球瓶上进行图形的添加,使之变为另一种物品或构成某一特定场景;② 思路开拓,创意新颖。

部分学生作品见图 8-8。

◆ | 课后感悟 |

上完这节课我感觉特别"累",因为要跟上学生的奇思妙想和他们年轻的跳跃性思维实在不是一件容易的事情;但这节课又让我感觉特别轻松,看到学生们积极思考、积极抢答问题,看到他们为同伴答不上问题而惋惜与遗憾,我能够充分感受到这节课带来的愉悦。

每次上完这节课,我都会深深反思我们的课堂教学:当前我们的课堂教学目标是在短短的 45 分钟之内,既要保证学生掌握美术学科知识,还要融入中华优秀传统文化、地域文化、学校文化等,要在培养学生审美素养的同时锻炼学生的各种能力。为此,每一名老师都必须是一个多面手。要在有限的时间里让这些目标都能达成,除了革新我们传统老旧的教学思路之外,更重要的是做好每一节课的课堂设计。如果每一节课都能像这一节课一样,任何问题都会迎刃而解。

图 8-8 部分学生手绘创意设计作品

> 民间文化是古往今来就存在于民间传统中的民众通俗文化,在中华优秀传统文化中独树一帜。她往往率性而作、随心而改,群众喜闻乐见。在不断推动文化的传承与创新的过程中,只有不断汲取民间文化的核心价值,并积极探索符合时代情景的表达方式,才能充分体现民间文化极高的育人价值。

第 九 节
民间文化课程设计
——创意剪纸

课程背景

    上下五千年的中华文明源远流长,令我们每一个中国人感到骄傲。中华传统文化博大精深,记录着我们的文明一步步传承的历史。中华优秀传统文化是中华文明的智慧结晶,是中华民族的根基。在几千年的历史沉浮中,中华民族从来不是一帆风顺的,无论遇到多少艰难困苦,我们都一步步挺了过来,一个很重要的原因就是中华民族创造的熠熠生辉、博大精深的中华文明,为我们提供了强大的精神支撑。作为中国人,我们应该把这些优秀传统文化传承和发扬下去,并使之成为我们取之不尽、用之不竭的精神源泉。中华优秀传统文化蕴含着丰富的哲学思想、人文精神、价值理念和道德规范等。传承中华优秀传统文化,就必须认真汲取其中的思想精华和文化精髓。习近平提出的"创造性转化、创新性发展",集中体现了我们党对文化建设的认识。中国共产党从成立之日起,既是中国先进文化的积极引领者和践行者,又是中华优秀传统文化的忠实传承者和弘扬者。在新的历史起点上,我们更需要结合新时代精神,继续传承和弘扬中华优秀传统文化,构筑中国精神、中国价值、中国力量。

    作为教育工作者,我们更需要把中华优秀传统文化的精神提炼出来,把中华优秀传统文化中具有价值的文化精髓提炼出来,并融合在课程中,使学生真正成为中华优秀传统文化的传承者和受益者,为学生搭建起了解中华优秀传统文化的桥梁,并使之渗入学生的血液中。

设计思路

四大发明、四大名著、甲骨文、唐诗宋词、书法篆刻等等中华优秀传统文化,是我们立足于世界文明之林的瑰宝。刺绣、围棋、瓷器、茶、丝绸、京剧、中医、武术、书法、剪纸,并称中国十大传统文化。这十大传统文化都与我们的生活息息相关,并在我们的生活中得到传承。剪纸作为中华优秀传统文化中的民间艺术,一直广为流传。剪纸是用剪刀或刻刀在彩色纸上剪刻花纹的一种艺术形式,用于装点生活或配合其他民俗活动。它材料简单,一把剪刀、一沓彩纸,就能把生活装点得五彩缤纷;它取材广泛,人物、植物、各种各样的动物都能成为剪刻的主题,深受老百姓的喜爱;它寓意深刻,能够在平凡事物中蕴含深厚的寓意和哲理,是人们精神思想的升华和寄托。剪纸称得上中国民间艺术中最受大众欢迎的一种艺术形式。剪纸艺术先后入选国家级非物质文化遗产代表性项目名录和联合国教科文组织人类非物质文化遗产代表名录。

其实,真正去研究剪纸,还是在青州一中工作的时候。记得那是2018年,当时的潍坊美术教研员付希亮老师推荐我参加当年的省优质课比赛,我选报的题目就是《剪纸和年画——中国民间美术中的两朵奇葩》。在那时候,我才真正领略了剪纸的魅力。就是那时候,我认识了具有传奇经历的"剪花娘子"库淑兰。说到库淑兰,我特别兴奋,她的传奇故事一天一夜都讲不完。年轻时的库淑兰是一个普通得不能再普通的陕西农村妇女,她和当地那个年龄段的妇女一样,到了年龄就嫁人、生子、过活、剪纸,生活没有波澜。46岁那一年,要是没有那场车祸,库淑兰可能一辈子都是那么平凡。那场突如其来的车祸让库淑兰昏迷了好几天,等她醒来后嘴里就开始"胡言乱语",只要拿起剪刀,她就开始唱自编的曲调,边唱边剪、边剪边唱、不剪不唱、不唱不剪。一把剪刀在她手里就像活了一样。随着库淑兰自编的曲调,剪刀飞舞,一个个活灵活现的形象在她手中剪出,有满树梨花,有娶亲的大花轿,更有各种各样的人物、动物(图9-1)。随着库淑兰的歌声结束,她的剪刀慢慢停下来,剪纸也告一段落。库淑兰的剪纸属于拼贴式剪纸，各种形象剪好后，再根据情节粘贴在一起。由于库淑兰善于利用各种颜色的彩纸进行剪贴，她的作品完成后会呈现出极绚烂的效果，在那片单调的黄土地上显得灿烂耀眼。传奇的经历加上传奇的剪纸方式和传奇的剪纸效果，库淑兰在当地出名了，每天去她家里的人络绎不绝。大多数人不是冲着她的剪纸去的，而是冲着她的"传奇"去的。随着旅游产业的慢慢兴起，到各地旅游的人越来越多，购买当地的旅游纪念品成了一种"打卡"方式。当时库淑兰的一张普通大小的剪纸能卖到 5 块钱，虽然价格不高，但对于一辈子面朝黄土背朝天的农民来说，只靠一把剪刀、几张彩纸就能赚到钱，在当地已经是很了不起的一件事情了。让世界认识库淑兰还得感谢几位外国游客，他们接过库淑兰的剪纸作品时，瞬间呆住了：这些艺术品的创作者，竟然会是中国黄土高原上一名普通的农村妇女。联合国教科文组织的官员们见到这些艺术品，称赞它们"色彩像宝石一样璀璨"。就这样，库淑兰被联合国教科文组织授予"中国民间美术大师"称号，从此在世界剪纸历史上镌刻下自己的名字。

　　库淑兰的剪纸，让我认识到了中国传统文化的玄妙，也让我爱上了剪纸。

图 9-1　库淑兰剪纸作品

课时教案

课题：创意剪纸

课时：1 课时

课型:综合探索

▶ **学情分析**:高一年级的学生具备了基本的美术理论知识,对中华优秀传统文化也有一定的了解。但随着时代的不断发展,民间美术文化逐渐被城市现代文化所掩盖,在现代年轻人眼中,这种"土味"文化是没有价值的,甚至可以被耻笑、践踏。在这种文化背景下,为当下年轻人传授民间文化知识,已成为当务之急。

▶ **教学目标**:

(1)通过欣赏剪纸,了解剪纸的基本知识,理解民间美术所蕴含的寓意,提高图像识读、审美判断等核心素养。

(2)掌握剪纸的基本方法和步骤,增强操作能力,培养创意实践能力。

(3)通过中西方文化的对比,唤起并激发对中国民间艺术的热爱,增强文化自信和文化担当,进一步增强对形式美的认识和感知,培养创造美的能力。文化理解这一核心素养在这里充分体现。

▶ **教学重点**:掌握剪纸的基本技巧,理解剪纸作品的深层意蕴。

▶ **教学难点**:培养学生传承与发扬传统文化的意识。

▶ **教法学法**:讲授法、展示法、演示法等。

▶ **教学准备**:剪刀、胶棒、彩色卡纸、4K 素描纸。

▶ **教学过程**:

【导入新课】

先请学生观看一段时装秀视频,想一想视频中主要运用了哪种元素。学生观看后找出视频当中运用的主要元素是剪纸。

剪纸是我们再熟悉不过的了,但它的发展历程、特点,你又了解多少呢?这节课我们一起来"话说剪纸"。

【讲授新课】

剪纸是我国优秀的传统文化,属于民间美术。(通过展示唐代周昉的《簪花仕女图》与剪纸作品《抓髻娃娃》引导学生理解什么是民间美术。)民间美术是相对于宫廷美术而言的。《簪花仕女图》是典型的宫廷美术作品,画面工整、精细、华丽,以写实风格为主;而民间美术是劳动人民为生活需要进行的创作,带有浓郁的民族性和地方性。这也是民间美术的定义。

在青岛每年的糖球会、萝卜会上,你还见到过哪些民间美术形式?(学生根据对生活的观察回答。)除此之外,你还知道哪些民间美术形式?(年画、刺绣、皮影、蜡染、风筝、刺绣、竹编等。)

剪纸是很古老的一种民间美术形式,大家知道剪纸的历史吗?

南北朝时期:出现了最早的剪纸实物,当时的剪纸形式被称为团花剪纸。

唐代:剪纸已有很大的发展,流行于民间。杜甫在他的《彭衙行》中也提到了剪纸,可见剪纸在当时备受欢迎。

宋代:由于造纸业的成熟,剪纸艺术更加普及,甚至在南宋时期还出现了以此为职业的艺人。在这一时期,剪纸主要用在生活用品当中,可见其用途的广泛性。

明代:出现了走马灯剪纸,即将纸剪成马的形象贴在灯上,转动的时候就像马行走一样。这一时期的剪纸主要起装饰作用。

清代:剪纸逐渐开始被宫廷所接纳,成为一种高雅艺术。

学生通过观察,找出清代的宫廷剪纸与民间剪纸的区别:清代宫廷剪纸作品工整、精细,符合皇家审美;民间剪纸作品风格粗犷,反映劳动人民的生活。

在民间,大家都喜欢用剪纸来表达情感,每一张剪纸都有着深刻的寓意。师生一起欣赏剪纸作品《五福捧寿》。学生观察、思考:在这张剪纸中用到了哪种动物形象?为什么用这种动物形象?学生回答,老师总结:蝙蝠的"蝠"与幸福的"福"谐音,蝙蝠在民间艺术作品中有很高的地位。

剪纸以象寓意进行造型。接下来,做一个小游戏——速度抢答:为剪纸作品起4个字的名字。

(连年有余、喜上眉梢、多子多孙、事事如意、花开富贵、福寿双全……利用谐音、象征的方式表达吉祥的寓意。)

古代由于地域封闭、文化局限以及自然灾害,人们对美满幸福生活有强烈的渴求,祈求丰衣足食、人丁兴旺,祈求健康长寿、万事如意。这些朴素的愿望通过剪纸得到了很好的传达。

有一位剪纸艺人被联合国教科文组织授予"中国民间美术大师"的称号,她就是"剪花娘子"——库淑兰。(介绍库淑兰的传奇人生。)学生欣赏库淑兰的作品并思考：库淑兰的作品和毕加索的作品有什么相同之处？老师总结：艺术是相通的、无国界的。

　　说到这里，我再给大家介绍一位世界艺术巨匠——亨利·马蒂斯。大家看，他的剪纸与库淑兰的剪纸有异曲同工之妙，都采用了剪、刻、粘贴的形式，色彩绚丽。这再次说明艺术是相通的、无国界的。

　　生活越来越现代化，剪纸也以崭新的面貌出现在我们的视野里，它已由民间美术走向现代艺术的舞台，体现出现代审美与现代需求。

　　【课堂练习】

　　学习了以上知识，我们一起来动手剪一剪。

　　题目：《生命》。

　　创作要求：以小组为单位，组内每位成员根据要求剪刻具有现代形式的剪纸作品。剪好后，利用粘、拼贴的方式进行整合。立意新颖，能体现传统剪纸的现代表现。在 15 分钟内完成。

　　部分学生作品展示见图 9-2。

图 9-2　学生剪纸作品

图 9-2　学生剪纸作品（续）

图 9-2　学生剪纸作品（续）

图 9-2　学生剪纸作品（续）

【课堂小结】

今天这节课，我们主要学习了民间美术中的剪纸。郭沫若先生曾以"一剪之趣夺神功，美在民间永不朽"的诗句赞美中国民间剪纸艺术。我们青年一代要传承和不断发展我们的优秀传统文化，增强文化自信和文化担当。

● 课后感悟

习近平指出："对传统文化中适合于调理社会关系和鼓励人们向上向善的内容，我们要结合时代条件加以继承和发扬，赋予其新的含义。"课堂中，如何体现中华优秀传统文化的创新表达形式，是文化传承的重要内容。我认为本节课做到了文化与传承的融合，在一定层面上吻合学生对传统文化的需求、审美情趣，让学生在潜移默化中受到中华优秀传统文化的熏陶，真正增强了学生的参与感、认同感、获得感，让学生在实践中体悟中华优秀传统文化的内在，增强学生对中华优秀传统文化的认同。

"

尊重每个学生内心的自然发展需求,准确把握学生个性,寻求不同的教育教学方法,引导他们快乐学习、健康成长,从而全面促进学生的个性化发展。

"

第 十 节

个性发展课程设计

——个性签名设计

课程背景

　　教育,需要唤醒学生,让学生学会学习,学会自主建构和自我成长。什么是真正的教育?陶行知一语道破:"真的教育是心心相印的活动,唯独从心里发出来的,才能打到心的深处。"教书的最终目的是育人,教育就是通过"他育"达到学生"自育"的目标。如何落实真止的教育?"千教万教,教人求真;千学万学,学做真人",陶行知早已给出了答案。"学做真人"是教育的最终目标,要实现这一目标,就必须做到教、学、做合一,完成从教到学的教学转型。课程校本化,是这一转型时期对"真的教育"的最好诠释。随着课程改革的不断发展,课程建设呈现出欣欣向荣的态势,国家课程高质量的校本化实施是实现"立德树人"的重要途径。

　　"如何让我的美术课更有趣?"这是上课之余我经常思索的问题。美术是一门注重感受的课程,"干讲"不但很无趣,而且很难让学生准确感受作品所传达出的意图,很难实现美育的目的。我认真研读现有教材,对教学内容进行整合和重构,在一点一点的摸索中构架出了一节节各具特色的校本课。在教材中,我最爱给学生上的还是关于中西方美术对比的那几节课。中西方绘画的差异来自两个文明系统中不同的价值追求。中国传统绘画"神似"重于"形似",倾向于写意风格;西方绘画"把镜子拜为老师",倾向于写实风格。要想讲透彻中国美术的发展及特征,利用西方美术进行对比讲解,可以起到很好的反向论证作用。这种对比能够让学生充分认识中国美术与西方美术的不同,从而能够更好地理解中国美术特别是中国传统美术的博大精深。

在讲到中西方绘画不同的表现手法时,我们往往会通过大量美术作品向学生说明:中国传统绘画是通过线条、笔墨、皴法等艺术语言进行表现的,而西方古典绘画则是通过明暗、光影、色彩、空间、肌理等艺术语言进行表现的。学生在面对西方古典绘画的"写实"和中国传统绘画的"写意"时,往往很难理解中国传统绘画中深层次的意境美。意境美属于中国传统美学思想的范畴。中国画的意境美是借物象来传达画家的思想感情。画家把艺术作品中的客观因素与主观因素、艺术创作与美感中的理性因素与情感因素有机地联系起来,营造出画中有诗、画中有情、画中有意的中国画特有的艺术内涵,见画就如见人性格,给观赏者无尽的遐想。因此,意境美在对中国画的评判中占有十分重要的地位,也是中国画最富民族特色的审美准则。中国画从美到情,从情到意,从意中迸发出意境和情感。这是中国古典艺术极力追求的一种境界,它集中地凝聚着中华民族的审美意识和审美理念。中国画中的意境美,很难通过语言或几幅绘画作品直观表达。国家课程校本化能解决这一问题。

设计思路

线条,作为中国传统艺术形式中重要的艺术语言,有着独特的意义。它是中国画的重要造型手段,是形成中国画风格的重要因素。线条绘画的发展由来已久,在距今 6 000 年左右的新石器时代,劳动人民就已经学会使用线条在陶器上进行形象刻画,如大家熟悉的人面鱼纹盆、舞蹈纹彩陶盆。这些用线条勾勒的形象或图形,表达了先民们朴素的审美观,也为后人打开了一扇通往中华灿烂艺术文化的大门。从战国时期出土的《人物御龙御凤帛画》中,我们可以清晰地看出中国早期艺术作品中的线条已经表现出曲折顿挫且富于节奏变化的特点。帛画中的线条寥寥几笔,却流畅直率,形象生动地勾勒出男女墓主人生前的生活场景和愿望。主体人物造型简约,抽象却生动,真实反映出中国古代社会墓葬文化的发展状况。这些现实中无法见到的图腾和幻想,是无法用写实手法表现的。倘若换用西方绘画的明暗、光影、肌理等手法来表现,那么画中对墓主人身后生活的联想与对龙凤的崇拜之情未免会让人感觉过于真实,而失去了意境。这就是线条的魅力,它能够令难以触及的意境美真实存在于画中。线条可以说是感性形象与理性抽象的完美结合。

纵观中国画之线条,有长短、曲直、刚柔、虚实、方圆、疾缓等的变化。曲直是指线条运行过程中的方向变化,直线呈刚性,曲线显柔性,在绘画作品中,两者的合理搭配会使画面刚柔兼备;方圆是指用笔的转折,转则圆,折则方;疾缓是指行笔速度的快慢,行笔速度快则线条飘逸,行笔速度慢则线条稳重,在具体行笔过程中,急与缓的用笔变化会增强画面的节奏感。线条的走势、节奏、穿插、体积、力量感、动感等,都能通过用笔的变化体现出来。

中国画的技法对线条的运用可以说达到了"物尽其用"的效果,线条的粗细疏密、用笔用墨的浓淡层次以及线与线之间相辅相成的关系都极为考究。传统中国画线条的基本运用技法中最有代表性的一种是十八描。明代邹德中的《绘事指蒙》中提出"描法古今一十八等",十八描由此得名。它特指人物画中衣服褶纹的描绘方法,具体包括:高古游丝描、琴弦描、铁线描、混描、曹衣描、钉头鼠尾描、橛头钉描、蚂蟥描、折芦描、橄榄描、枣核描、柳叶描、竹叶描、战笔水纹描、减笔描、枯柴描、蚯蚓描、行云流水描。这些线描的用笔各有特点、不尽相同,可分为三大类。一是游丝描。这类描绘方法多行笔较慢,以中锋运笔,用笔时手腕压力均匀,线性变化较少,其中铁线描、曹衣描、琴弦描皆属于这一类。善于使用此类技法的代表画家是顾恺之,代表作品是《洛神赋图》。二是柳叶描。这类用线技法行笔较快,线性变化多,压力多用在线条的中段,如枣核描、橄榄描、行云流水描都属于这类方法。其代表画家是吴道子,代表作品是《八十七神仙卷》。三是减笔描。这一类技法的特点是行笔快,运笔多用侧锋,用笔与纸面摩擦力较大,故而形成由线到面的用笔风格,如竹叶描、枯柴描等都属于此类技法。其代表画家是梁楷,代表作品是《醉酒仙人图》。

线条是中国画的灵魂,而线条的源头在书法,也就是所谓的"书画同源"。张彦远曾在其著作《历代名画记》里特别强调书画的相同起源:"又《周官》教国子以六书,其三曰象形,则画之意也。是故知书画异名而同体是也。"可见文人们早已看出了书法与绘画的关联,在绘画技法中多次阐明书法的重要价值。

他还说:"若气韵不周,空陈形似,笔力未遒,空善赋彩,谓非妙也。"书法用笔在绘画技法中的重要作用不言而喻。其实从另外意义上来讲,书法是线条艺术的"隐形"表现。

课时教案

课题:用一根线条去散步——个性签名设计

课时:1课时

课型:综合探索

▶ **学情分析**:单纯讲解线条,对高一、高二的学生来说是远远没有吸引力的,但把线条艺术融合在艺术签名中来理解,学生会欣然接受。这个年龄段的学生有个性、很自我,拥有一款个性签名是每个人的梦想,因此这节课贴切学情。

▶ **教学目标**:

(1)了解线条是一种用途广泛的艺术形式。

(2)了解9种基本签名方式。

(3)能够学会利用其中一种签名方式独立设计签名。

▶ **教学重点**:独立设计签名。

▶ **教学难点**:线条艺术在不同艺术表现中的审美体验。

▶ **教法学法**:讲述法、对比法、探究法、讨论法、展示法、实践法等。

▶ **教学准备**:课件、相关图片、即时贴纸。

▶ **教学过程**:

【导入新课】

(1)展示梯田的图片:这些线是劳动人民在劳作过程中无意形成的,属于大自然的反馈。这些线在不经意间形成了有疏有密的韵律美。

(2)展示西方古典绘画——素描作品,说明西方古典绘画的基础就是从线开始的。

(3)展示中国古代绘画作品——吴道子的《八十七神仙卷》,说明中国古代绘画的白描就是纯粹用线来表现的艺术形式。

（4）展示西方现代派画家米隆的绘画作品,说明西方现代绘画中也不缺乏线条艺术。

（5）展示现代中国画代表人物吴冠中的作品,说明现代中国写意山水画也可以用抽象线条的表现手法。

（6）把吴冠中的绘画作品《梯田》与现实中的梯田进行比较,说明艺术来源于生活却高于生活。

总结:线条可以表现客观物象的形态、主观联想的形态、情感情绪和个性、视觉韵律和节奏。引出课题:用一根线条去散步(德国艺术家保罗·克利的一句话)——个性签名设计。

【讲授新课】

毛主席不但是一位伟大的领袖,还是政治家、军事家、词人、书法家。展示毛主席 1930—1958 年的签名(图 10-1),分析约 30 年间毛主席在面对不同历史事件,在不同心情下的签名。毛主席的签名豪迈奔放,行笔利索刚劲,不同时期的签名各不相同。他的签名善于因势立形,随意挥洒,自成妙趣。

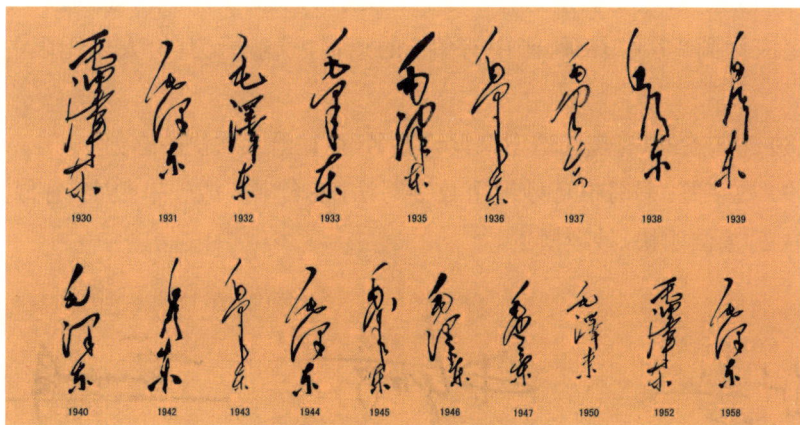

图 10-1　毛主席签名

展示我国跨栏运动员刘翔的签名,分析其签名的特点。

签名的 9 种类型(图 10-2):

（1）行草签:书写以行草体为主,遵循书法法度,以书法美作为签名好劣的标准,力求潇洒飘逸、流畅自然、简洁明快、清晰实用,充分展示书者的文化内涵。

（2）合文签：将姓名里的笔画尽量减少，通常有一处以上的"共享"笔画，或将组成名字的二或三个字合成一个字，使其紧密相连，是高度浓缩的设计。

（3）潇洒签：较之于行草签，潇洒签的行笔更为潇洒流畅，整体更为夸张简洁，造型更为优美别致，主体结构往往笔不离纸，一气呵成，所以又称为"一笔签"。

（4）竖式签：这种签名方式源于中国传统书写习惯，从笔画的承接到章法布局均可参照行草书法，特别是草书的书写形式。

（5）花体签：常常结合潇洒签和合文签笔法，融进西文字母的花体写法，结构迂回婉转，线条婀娜柔美，节奏起伏鲜明。花体签的设计要义是"化方为圆，化直为曲，化断为连，牵丝索带，内紧外松，形体优美"。

（6）英文签：在比较规范的拼写下，对部分字母进行夸张、变形或添加装饰而成，给人以简洁、大气的感觉。在银行的账单、信用卡等私人文件上，英文签防伪性比较强。

（7）意象签：使签名形式介于字与画之间，画意与字形相映成趣。上佳的意象签应达到"签中有画，画中有签"的意境，意蕴无穷，给人以无限的遐想空间。

（8）趣味签：以有趣的造型来设计签名，往往给人欢快的感觉。

（9）数字签：书写中巧妙运用数字写法，使名字变成一串数字，看似数字，实为中文，简洁明快，妙趣横生。

| 行草签 | 合文签 | 潇洒签 |

图 10-2　签名的 9 种类型

竖式签   花体签   英文签

意象签   趣味签   数字签

图 10-2 签名的 9 种类型（续）

【课堂练习】

利用本课所学 9 种签名方式之一，为自己设计一款合适的签名。

创作要求：

（1）注意签名整体的节奏感和韵律感。

（2）把设计好的签名签在即时贴纸上。

课后感悟

看到这节课的课题，很多学生不屑一顾，认为：签名谁不会呀？这节课就是想告诉学生，签名也是一种艺术形式。高一的学生写名字也写了十来年，大家都形成了一种思维定式，认为签名就是"写字"而已。但在这节课里，我要让学生设计出真正属于自己的独一无二的线条。让学生把签名写在即时贴纸上，然后把学生的签名汇总在一张大纸上（图 10-3），并举办一些签名活动，如诚信考试的签名、禁止携带手机进校园的签名，让学生在仪式感中体会到活动的乐趣。

图 10-3　学生个性签名设计展

图 10-3 学生个性签名设计展（续）

"

研究、探索形式美的法则，能够提高人们对形式美的敏感性，指导人们更好地去创造美的事物。掌握形式美的法则，能够使人们更自觉地运用形式美的法则表现美的内容，达到美的形式与美的内容高度统一。

"

第 十 一 节
校本特色课程设计
——系列书签制作

🌸 课程背景

　　万事都有法则。人在自然、社会、生活中,通过不断观察、体验,再加上自身的认知而逐渐形成的一种自认而然、水到渠成的共性认识,再经过归纳、总结、提炼而形成的一种规律或准则,称为"法则"。任何事物在发展中都会形成符合自己发展规律的法则。我们在欣赏艺术作品时,也会根据艺术作品的特征或特性形成一定的审美规律,我们会依据这个规律去对艺术作品的美与丑进行评价。这个评判规律称为"美的法则",在艺术专业术语中称为"形式美法则"。在我们的日常审美中,变化与统一、对称与均衡、对比与调和、节奏与韵律等法则运用得比较多。

(一)变化与统一

　　变化与统一的法则讲究"大统一,小变化",在统一中求变化,在变化中求统一。只有变化而缺少统一会变得凌乱,只有统一而缺少变化则显得呆板。统一与变化相互依赖又相互对立。以自然界为例,自然界中的物种是丰富多彩、千变万化的,每一物种都在各式各样的形态变化中存在着一种内在联系般的统一形式。比如我们常见的树叶,世界上所有的树叶有着共性的"联系",那

179

就是平面形态,有红、绿等颜色,都长有叶柄和叶脉,这就是树叶的"统一";但每一种植物的叶子又各不相同,仅从形状上就有掌形的、细长的、椭圆的、扇形的……这是叶子的"变化"。树叶的这种变化和统一,能够让我们准确地分辨每一种树叶。再比如蝴蝶,有两只翅膀是它们统一的外形,但不同种类的蝴蝶的翅膀截然不同。人类又何尝不是呢?从人的形态和结构上来讲,人人一样,这就是人的"统一",但每一个人的相貌、动作、表情等却各有特点,这就是人类的"变化",我们就是从这种变化中分辨出每一个人。当然,人也可以从群体找到其共性,比如我国有 56 个民族,仅仅从民族服装上,我们就可以找到每个群体的"统一"。

统一即同一性、一致性,变化即多样性、差异性。人们就是在这些一致和差异中理解了事物的特点,慢慢建立了对它们的感知,逐渐形成了美与丑的判断,形成了"变化与统一"这一形式美法则。这也是形式美法则的最基本原则。变化与统一是相互矛盾、相互联系又相互依存的,统一是变化的基础,变化则相对于统一而存在,二者缺一不可。

(二)对称与均衡

对称体现了静态美和稳定性,具有端庄、安定的美感;均衡则表现出动感美和变化性,具有生动、活泼的美感。两者相互牵制又相互成全,成就了大自然中另一种美的法则。

(三)对比与调和

对比与调和是自然界中随时随地存在的现象。"万绿丛中一点红""鹤立鸡群"等说法都是这一形式美的体现。昼与夜、生与死、大与小、新与旧……许许多多性质截然相反的状态,都会通过一定的调和方式存在于共同的空间中,相互依存,相互衬托。

对比可以使双方充分展示个性特点,增强视觉差异;调和能够协调矛盾,使尖锐的个性化趋于统一。对比与调和构筑了我们视觉上与心理上的平衡,也是变化与统一法则的重要体现。

（四）节奏与韵律

节奏和韵律将听觉要素转化成视觉要素,在建筑、绘画、舞蹈等艺术形式中会体现得更为明显。节奏和韵律主要起源于大自然万物生长与运动的规律。我们的心跳、大海的潮汐、山谷的连绵起伏等等,都构成了大自然的节奏美和韵律美。

设计思路

在中国,书签有着悠久的历史和文化。在春秋战国时期就有了书签。那时书签称"牙黎",是用象牙制成的,在顶端打一个洞,系上丝绳。书签是书籍的标志,一般贴在古籍封皮左上角,有时还用于标记册次、题写人的姓名及标记阅读到什么地方。现在使用的书签是为了记录阅读进度而夹在书里的小薄片。在我国台湾,许多书附赠书签,这是传承中华优秀传统文化的最好体现。书签多由书店自行印制,书签的正面或者背面通常印有出版社的名称和二维码等信息,体现书签的宣传功能,但有时也会印有课程表或月份牌,提升书签使用功能的同时,让顾客感到商家的用心。

儿子特别爱读书,家里的书多得都快装不下了。儿子喜欢读书,自然就喜欢书,他能喜欢到什么程度呢? 他把每一本书都视为珍宝,不允许他的书有一点点损伤:不能折书角,不能在书上画写,吃东西时不能看书,以防脏东西滴在书上,洗干净手才能去摸书。儿子的书几乎每一本都有一个书签。可能是爱屋及乌的缘故,我对书签也特别钟情,所以在我的手绘特色课程中,书签设计是很重要的一课。每次讲课的内容或许不会变化很多,最后作品呈现的形式却是多种多样的。按题材分,我带领学生设计过"我们的故事""红色印记"等故事题材,设计过"最美抗疫者"等人物题材,设计过"我们的校园"等风景题材;按形式分,我让学生设计过一人一张的单个书签,设计过每组一个系列的系列书签。学生们"八仙过海,各显神通",设计出的书签真的是令人意想不到地惊艳。

课时教案

课题:系列书签制作

课时:1课时

课型:综合探索

▶ **学情分析**:高一年级的学生具备了基本的美术理论知识,对设计也有所了解,对于"系列"却缺乏明晰的认识。

▶ **教学目标**:

(1)了解书签的定义及作用。

(2)了解书签的类型、分类及制作技法。

(3)通过制作系列书签,提升小组协作能力。

(4)体会工匠精神,感悟动手制作的快乐。

▶ **教学重点**:书签的设计、构思及制作。

▶ **教学难点**:通过小组分工合作,顺利制作系列书签。

▶ **教法学法**:讲授法、展示法、演示法等。

▶ **教学过程**:

【导入新课】

学校一年一度的"读书节"总是如期而至,"品味翰墨书香,悦享源远流长",书本为同学们打造了一个充盈的世界。有的同学在书本中接触了全新的领域,领悟了深厚的知识;有的同学从书本中走完了一段段心路历程,获得了崭新的感悟;有的同学从书本中看到了人间温情,汲取了温暖的力量。读书—书本—书签,引出本课。

【讲授新课】

(1)书签的定义。书签是为了翻阅方便夹于所读书页的标识,是看书时使用的一种文具,是受读书人喜爱的、放置于书中的"小型美术工艺品"。由此定义可以看出,书签属于美术的范畴,因此符合一切"形式美法则"。

(2)书签的类型(图11-1)。按形状分:传统型(规则型)和不规则型。按题材分:人物题材、卡通题材、风景题材、文字题材。按材料分:纸质、木质、金属材质、植物材质。按做法分:镂空法、粘贴法、手绘法。

传统型

不规则型

人物题材

卡通题材

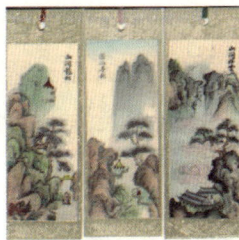
风景题材

文字题材

纸质

木质

金属材质

植物材质

镂空法

粘贴法

手绘法

图 11-1 书签的类型

欣赏优秀书签作品,让学生说一说"单个"与"系列"的相似处和不同点,以及对"系列"的看法。

【课堂小结】

"系列"的定义就是相互关联的成组或成套的事物或现象。之所以能够成为"系列",是因为它们相互关联,找到相互关联的点是关键。在设计系列书签时,也要找到这个关联点,它可以是形状,可以是题材,也可以是内容。关联点越多,它们的相似度越高。

【作业布置】

以小组为单位,完成系列书签的设计。每小组抽取自己的设计主题:校园风光、传统文化、心情故事、历史时刻。通过小组合作分工,完成系列书签的内容设计、构图、绘制、调整。课堂上先进行小组讨论,把内容大致构思出来,组长根据讨论的方案说一说小组分工情况。讨论的内容应包括系列的主要内容、所绘制书签的形状和尺寸、用何种方法去表现。

部分学生作品见图11-2。

图11-2 学生系列书签作品

课后感悟

以小组合作(图11-3)的形式完成本课的任务,是集中体现集体意识、团队荣誉感的一个很不错的方法,能够充分调动大部分学生的学习积极性。但每一次课堂,每一个班级都有浑水摸鱼的情况,如何杜绝呢?这是亟待我们思考的问题。我认为:第一,要提高课堂的吸引力。这是问题的关键,应加强集备,加强自身素养的提升。第二,授课内容一定要与时俱进。我这个年龄已经在思维方式、观察世界的角度等问题上与学生有了所谓的"代沟",因此要多站在学生的角度去看待问题,列举案例时一定要与时俱进,和学生同频。第三,认真对待每一节课。美术作为非高考科目,在学习压力较大的环境下开设,学生重视的程度可想而知。要想让学生重视美术课,老师首先要足够重视,只有这样才能给学生做出榜样。

图 11-3　小组合作

"

学生学习的最终目的不是掌握课本知识,而是真正成为知识的"参与者"。学生主动地进入发现知识、掌握知识的过程中,才能真正了解知识所蕴含的情感态度和价值观。

"

学习素养课程设计
——时间规划手账设计

课程背景

深度学习是当下教育领域的一个热门话题。

深度学习最早起源于布鲁姆的目标教学分类。1956 年,布鲁姆在《教育目标分类学》一书中,提出认知领域分为知道、领会、应用、分析、综合以及评价 6 个层面。他指出:知道、领会、应用 3 个层面属于低阶思维,即浅层学习;分析、综合和评价 3 个层面属于高阶思维,就是深度学习。"深度学习"这一名词是由马顿和萨尔乔在 1976 年提出来的。深度学习和浅层学习的区别是不同的学习过程所导致的。学生根据不同的学习目标,会采用不同层次的学习过程。

浅层学习是一个浅层加工的过程,学生仅关注文字本身,关注字面意思,一般采取死记硬背的学习方法。这是一种复制型的学习观念,会导致学生难以理解课程任务,看不到学习内容的价值和意义,从而导致过度压力。相当长一段时间内,这种灌输式的学习被我国大多数学校所采纳。深度学习,也就是对学习过程的深层加工,学生学习的目标指向的是理解作者和文字背后所想表达的深层含义。深度学习能够让学生意识到自己在学习过程中的任务和目标,能积极主动且有兴趣地参与课程活动。

深度学习是学生积极参与和高度投入的一种学习状态,是学生胜任新时代学习、工作与生活所必须具备的一种技能,主要包括解决问题、团队协作、有效沟通、学会学习、学习毅力等几种基本能力。这些能力可以让学生灵活掌握和理解学科知识,能够运用这些知识去解决课堂及生活中的问题。

我们该如何有效落实深度学习呢?关于深度学习的实施,有些研究者提出了4种策略:整体设计策略、情境问题策略、深度思维策略和应用迁移策略。其中,整体设计策略是深度学习的纲领性目标。现代的课堂都是要求基于核心素养的深度学习课堂,强调高阶思维,所以要从思维的视角来看待素养问题,就要对学习进行整体设计。

详细的规划和正确的学习方法,是实现学习目标的两大法宝。因此,根据自己的实际情况制定一个适合自己的学习计划,合理地统筹时间,是当下每一位学生都需要学会的。

设计思路

我最早接触手账是在看到学生们用花花绿绿的纸、笔去记录生活时,觉得它是一件很有趣的事情,但利用制作手账来完成一节课的想法还要源于青岛16中的张林老师,她在一次市级公开课上首先上了这节课。我觉得这既符合深度学习的策略,又可以纳入学校的手绘特色课程,因此也给学生开设了这节课。从此我就开始慢慢深入了解手账。不了解不知道,手账里竟然隐藏着一个艺术表现力丰富的迷人世界,怪不得学生们都对它爱不释手、情有独钟。

网上搜索"手账",热门问题就是"手账是什么?为什么人们这么忙还要做手账?"从这就能看出手账的热度。此外,我也被网上那些漂亮的手账震撼,原来这个世界上有这么多人会排版、会配色,会那么有心地把一个个计划变成一件件艺术品。

有一句俗语叫"好记性不如烂笔头"。早在古代,人们就有了记手账的习惯,称作"手簿"。后来,日本人把这一中国传统冠上"手账"的名称,形成了一种文化。"手账"这个词来源于日本,日本辞典给出定义:"手账是经常带在身边,记载心想、要做、怕忘的各种事情的小型记事本。"在日本,男女老少大多会随身携带一本手账,随时随地掏出来翻看、记录。手账对于日本人而言是不可或缺的日用品,不仅具有备忘功能,而且是规划人生的一种重要工具。但从实际用途来看,手账并非简单的记事本、备忘录,它是集日程安排、生活感悟、读书心得、消费收支甚至百科大全为一身的包罗万象的全功能手册,简洁的文字配以精美的手绘插图,有的还会用彩色胶带、贴纸、印章等进行装饰。由于它的实用、美观,再加上普通手账本的价格亲民,它在日本迅速流行,在一定意义上成为年轻人的生活必需品。假如你和一位日本朋友约定某个时间要做某一件事情,对方通常会先把手账本掏出来看一看时间安排,确定好你们俩的约会后,迅速在手账本上记下约定的时间和地点。在日本的地铁上,你也会看到有人从包里掏出一个小本,要么翻看,要么记录,这个小本就是手账无疑了。日本售卖的手账本都带有日历和笔,并且专门有夹名片或纸片的地方,根据功能合理地划分页面,可以满足不同人群做不同类型手账的需要。比如主妇手账本,就有专门的地方可供粘贴发票、记录收支,帮助主妇精打细算地过日子。

也不知道从何时起,学生记录手账的风气开始慢慢蔓延,课间总有几个可爱的小女生怯怯地拿着自己的手账本给我看。她们的手账往往都是可爱的日韩风,更有甚者,集满了一大盒的手账装饰胶带,每一卷都精美得让人不舍得放手。既然这么喜欢,那就大胆做吧,或许每个人都可以成为时间规划的高手。

课时教案

课题:时间规划手账设计

课时:1课时

课型:综合探索

▶ **学情分析**:手账既实用又美观,喜欢手账的年轻人越来越多,因此学生对手账兴趣浓厚。但学生在画面布局、装饰等方面还存在短板,大部分学生想画而不敢画,想做但又无从下手。这节课正好解决他们遇到的难题。

▶ **教学目标**:

(1)学习制作时间规划手账,充分意识到时间规划的重要性和必要性。

(2)通过对手账的鉴赏,了解手账的基本类型和主要特点。

(3)掌握画面布局、装饰等制作手法。

（4）能够从手账制作中体会到时间规划的乐趣,提升动手制作能力和审美能力。

◗ **教学重点**:掌握画面布局、装饰等制作手法。

◗ **教学难点**:通过制作手账,成为时间的主人,能够合理安排自己的时间。

◗ **教法学法**:讲述法、探究法、展示法、实践法等。

◗ **教学准备**:课件、相关图片、短视频。

◗ **教学过程**:

【导入新课】

采用情境导入法:最近网上特别"火"的一个语文老师叫申怡,我听过她讲的周杰伦的《青花瓷》,感触颇深。申老师讲,这首歌中"天青色等烟雨而我在等你"这句歌词写得好。如果用大白话"天阴了要下雨",那么接下来就不是"我在等你"的浪漫了,而是"赶紧回家收衣服"的人间日常。生活就是在一如既往的坚守中,不时有一个个擦肩而过的感动。这种感动越多,越能成为你走下去的勇气。

为什么申怡老师最近这么"火"?因为她把这一个个擦肩而过的感动清晰地摆在了我们每个人的眼前。"手账设计"其实就是在我们紧张的学习生活中无数个感动中的一个。

【讲授新课】

（1）手账的作用:起初,我只是被它的"外在"迷住,后来才体会到它的"内在"。为什么说是"内在"呢?我认为手账是时间管理的帮手,用于写学习计划、反思日志、感恩日记、阅读清单、财务清单、甘特图、成长手册等。我将每日必须完成的效率手册、总结笔记、反思日志,称为"手账金三角"。经验和事实告诉我,手账非常有效,我非常依赖它。同时,手账让自己在学习中不焦虑,能从容地完成学习任务,也更自律。

（2）手账作品欣赏(图 12-1)。

图 12-1　手账作品欣赏

（3）了解时间规划手账。时间规划手账的形式很多，一般分为日计划、周计划和月计划（图 12-2），分别结合了日记、台历和月历的记事功能，但又摒弃了它们携带不方便的不足，在形式和方式上也较之普通的记事本有了很大的改进。

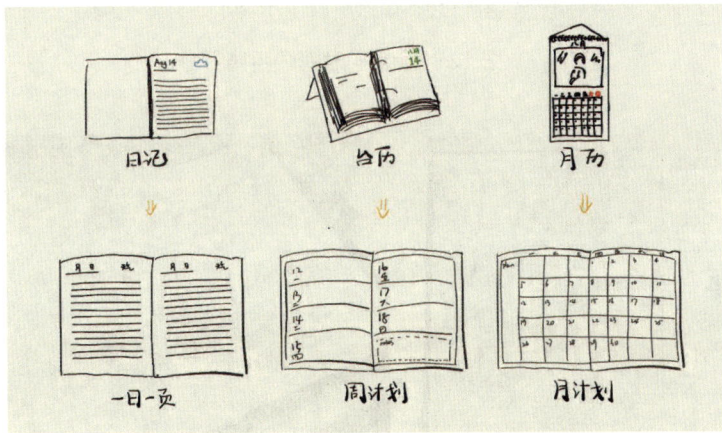

图 12-2　手日计划、周计划和月计划手账

周计划是日程本的主流。周计划是介于日计划和月计划之间的。周计划的样式特别多，主要是 7 天记录空间的各种排列方式（图 12-3）。周计划根据设计不同，既适合大开本的手账也适合小开本的。

图 12-3　周计划手账

　　竖式时间轴(图 12-4、图 12-5)是手账发展中的里程碑,它的出现将手账的信息记录"颗粒度"提升到了小时。手账的发展就是一个计划和记录时间逐渐精细的过程。

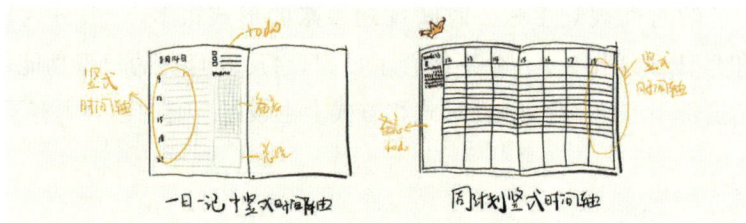

图 12-4　竖式时间轴手账

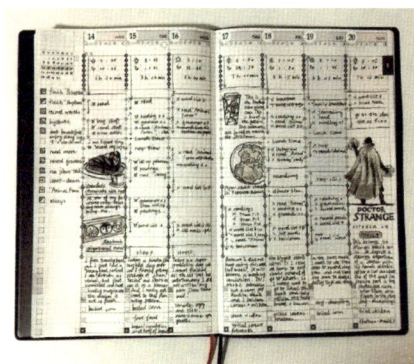

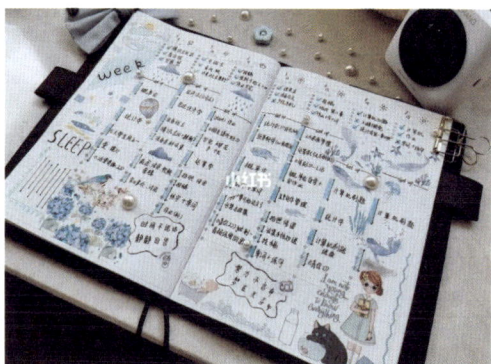

图 12-5　竖式时间轴手账欣赏

【课堂练习】

设计一份周计划手账,设计要求:

(1)以时间轴的形式进行版面设计。

（2）充分合理地利用手边现成的工具和材料。

（3）图文并茂，绘贴结合。

（4）能体现对时间的规划，要有较强的实用性。

部分学生作品见图 12-6。

图 12-6　学生手绘时间规划手账作品

图 12-6　学生手绘时间规划手账作品（续）

课后感悟

　　艺术课除了能提升学生的审美素养、增加美术理论知识之外，还有一项很重要的作用，就是辅助学生学习素养的提高。这节课就是一个很好的例证。把当下流行的手账和学习计划完美结合，让学生在掌握制作手账技法的同时学会规划时间，这也正是美术学科提升学生学习素养功能的充分体现。

参 考 文 献

蔡元培. 蔡元培美学文选 [M]. 北京：北京大学出版社,1983.

蔡元培. 蔡元培全集：3卷,8卷 [M]. 杭州：浙江教育出版社,1997.

蔡元培. 美育人生 [M]. 南京：江苏文艺出版社,2011.

曹兰胜,汪先平. 融美育于免费师范生职业理想教育之中 [J]. 海南师范大学学报（社会科学版）,2014,27（8）：129-133.

陈望道. 陈望道文集：第1卷 [M]. 上海：上海人民出版社,1979.

高平叔. 蔡元培教育论著选 [M]. 北京：人民教育出版社,2017.

侯秀娥. 蔡元培对康德美学的接受与传播 [J]. 柳州师专学报,2009,24（6）：40-42.

胡经之. 蔡元培的美育精神 [J]. 艺术百家,2013（5）：144-149.

金子涵. "怡情养性"之词源美感研究 [J]. 艺术教育,2020（11）：197-200.

李清聚. 蔡元培"以美育代宗教"思想研究 [D]. 南京：南京理工大学,2012.

李泽厚. 华夏美学：插图本 [M]. 桂林：广西师范大学出版社,2001.

李泽厚. 批判哲学的批判：康德述评 [M]. 北京：人民出版社,1979.

李振. 蔡元培美术教育思想来源及对当代美术教育的启示 [D]. 天津：天津美术学院,2005.

刘纲纪. 从蔡元培的美育理论到中华美育精神 [J]. 美术研究,2019（4）：5-7.

谭兆红. 基于动漫的幼儿园艺术教育研究 [D]. 长沙：湖南师范大学,2012.

王旭晓. 美育与人的全面发展 [J]. 河南教育学院学报（哲学社会科学版）,

2009（3）：24-29.

魏国强. 中国近代社会思潮下的美术思想演变研究 [D]. 长春：东北师范大学，
2016.

席勒. 美育书简 [M]. 徐恒醇，译. 北京：中国文联出版公司，1984.

姚全兴. 五四时期关于以美育代宗教说的论争 [J]. 美与时代：美学（下），
2008（8）：14-18.

张泽鸿. 百年西方美育中国化的理论反思 [J]. 安徽电气工程职业技术学院学
报，2013（2）：1-10.

张宪平. 高校美育的现状、问题和发展趋势 [J]. 教书育人（高教论坛），
2012（1）：42-43.

周军锋. 审美与救赎：蔡元培美育思想研究 [D]. 合肥：中国科学技术大学，
2009.

朱立元. 忽视审美教育会导致人的素质滑坡 [J]. 探索与争鸣，1994（9）：34-
35.

Clewis R R. Beauty and utility in Kant's aesthetics: The origins of adherent
beauty [J]. Journal of the History of Philosophy, 2018, 56(2):305-335.

Denac O. The significance and role of aesthetic education in schooling [J].Creative
Education, 2014(5):1714-1719.

Gilbert K E, Kuhn H. History of Aesthetics [M].Beograd: Kultura Beograd, 1967.

Savile A. Natural beauty, reflective judgment and Kant's aesthetic humanism[J].
British Journal of Aesthetics, 2021, 61(2):199-211.

Spivak G C. An aesthetic education in the era of globalization[M]. Cambridge:
Harvard University Press, 2012.